Werner Braukmann

Besser in

Deutsch

5. Klasse

Gymnasium

Cornelsen
SCRIPTOR

Über den Autor:
Werner Braukmann unterrichtet Deutsch an einem Gymnasium.

Bildquellen:
S. 14 Fotolia/Ruff; S. 15 Fotolia/Ruff (oben rechts, Mitte links), MEV Verlag GmbH, Augsburg (Mitte, unten links), Fotolia/Nenad Djedovic (unten rechts); S. 58 Fotolia/Vladimir Melnik; S. 65 PM-Group Zentrale GmbH, Hansastraße 23a, 59557 Lippstadt

Textquellen:
S. 69 Josef Reding: Gegensachen; S. 70 Werner Bergengruen: Regenlied. Aus „Figur und Schatten", Zürich 1958. © Dr. Luise Hackelsberger, Neustadt Weinstraße; S. 71 Jürgen Spohn: Kindergedicht. Aus: Es hüpft in meinem Kopf herum. Geschrieben und gesammelt von Manfred Mai. © 2007 Deutscher Taschenbuch Verlag, München.

Bibliografische Information der Deutschen Nationalbibliothek
Die Deutsche Nationalbibliothek verzeichnet diese Publikation in der Deutschen Nationalbibliografie; detaillierte bibliografische Daten sind im Internet über http://dnb.d-nb.de abrufbar.

2. Auflage

D C B A
Bibliographisches Institut GmbH
Dudenstraße 6, 68167 Mannheim

Redaktionelle Leitung: Constanze Schöder
Redaktion: Claudia Fahlbusch
Illustrationen: Popeia Herzog
Herstellung: Annette Scheerer
Layoutkonzept: Horst Bachmann, Weinheim
Umschlaggestaltung: glas AG, Seeheim-Jugenheim
Satz/Layout: FROMM MediaDesign, Selters im Taunus
Druck und Bindung: orthdruk, Białystok
Printed in Poland

ISBN 978-3-411-87018-9

Liebe Schülerin, lieber Schüler,

dieser Band der Reihe „Besser in Deutsch“ hilft dir, deine Kenntnisse im Fach Deutsch zu verbessern. Du kannst gezielt Stoff nachholen und wiederholen, um sicherer zu werden! Zu allen Bereichen des Deutschunterrichts sind kleine Aufgaben angeboten, mit denen du selbstständig arbeiten kannst.
Die Schwerpunkte sind:

- ▷ **Texte schreiben**
  Aufsätze verfassen
- ▷ **Texte lesen und verstehen**
  Textverstehen, Textanalyse
- ▷ **Sprache kennenlernen**
  Grammatik
- ▷ **Richtig schreiben**
  Zeichensetzung und Rechtschreibung

Die Texte und die Aufgaben in diesem Buch sind so ausgewählt und zusammengestellt, dass dir die Bearbeitung möglichst leichtfällt.

TIPPS UND INFOS **Zum Arbeiten mit diesem Buch**

- ▶ Das Buch enthält viele Erklärungen und Übungen. Arbeite sie durch und vergleiche deine Antworten mit den Lösungen im Lösungsheft. Verbessere Fehler.
- ▶ Bei einigen Übungen kannst du Stichworte oder Kreuzchen im Buch selbst machen. Nimm dazu am besten einen Bleistift, dann kannst du Fehler leichter ausbessern.
- ▶ Für andere Übungen (z. B. kleine Texte) brauchst du mehr Platz. Lege dir ein **eigenes Arbeitsheft** zu, in das du schreibst.
- ▶ Am Ende eines jeden Kapitels kannst du in einem kleinen Test überprüfen, ob du den Stoff nun beherrschst.

Viel Spaß und Erfolg beim Lernen!

1 Texte schreiben

Das musst du am Ende der Klasse 5 können:

- ▷ Texte auf ein Schreibziel hin planen (Inhalte sammeln und gliedern)
- ▷ Texte ausformulieren
- ▷ Einen persönlichen Brief schreiben
- ▷ Berichten
- ▷ Beschreiben (Personen, Gegenstände oder Vorgänge)
- ▷ Stellung nehmen (die persönliche Meinung darlegen)
- ▷ Erzählen
- ▷ Texte überarbeiten

Schreiben zu können, ist für alle Fächer wichtig!

Manches schreibst du bestimmt sehr gern, z. B.
- ▷ kleine Geschichten,
- ▷ Briefe,
- ▷ Nachrichten an deine Freunde im Internet oder
- ▷ Spickzettel.

Einiges hast du während deiner Schulzeit bereits über das Schreiben gelernt, z. B. wie du
- ▷ spannend erzählst,
- ▷ genau beschreibst,
- ▷ abwechslungsreich formulierst – und anderes mehr.

Dieser Teil des Buches gibt dir einen Überblick über Texte ganz unterschiedlicher Art, die du in Hausaufgaben und Klassenarbeiten schreiben musst. Du kannst hier üben, die richtigen Worte zu finden und dich so auszudrücken, dass du gut verstanden wirst. Und du kannst dir eine persönliche Checkliste über deine Fehlerschwerpunkte erarbeiten. Diese hilft dir, selbst geschriebene Texte gezielt zu überarbeiten. Wenn du dir für eine Überarbeitung am Schluss einer jeden Klassenarbeit Zeit nimmst, werden deine Noten sicher bald besser werden.

1.1 Einen Brief schreiben

DAS MUSST DU WISSEN **Persönliche Briefe**

Ein persönlicher Brief enthält immer:
- Datum,
- Anrede (*Liebe Frau Sommer,* ... oder *Hallo, Opa,* ...),
- Brieftext,
- Grußformel (*Bis bald ..., Viele Grüße ...*),
- Unterschrift.

Schreibe lebendig und informativ:
- Wähle eine angemessene Sprache. An deine Freunde kannst du auch in Umgangssprache schreiben, an andere Personen nicht.
- Achte auf anschauliche Adjektive und abwechslungsreiche Verben.
- Versetze dich in den Leser. Kann er verstehen, was du schreibst? Sind die Informationen sinnvoll und vollständig?
- Überarbeite am Schluss deinen Brief und achte auf Rechtschreibung und Zeichensetzung.

1 **Ordne die folgenden Textbausteine zu zwei Briefen. Schreibe sie in dein Heft und unterschreibe die Briefe.**

Bis bald

Hallo, Onkel Ortwin,

mir geht es sehr gut.

Das wird toll!

Bald bekommen wir Zeugnisse und es gibt endlich Ferien.

Auf den Besuch bei dir freue ich mich schon sehr!

ich muss dir schnell schreiben, du fehlst mir so sehr.

Aber bald habe ich ja Ferien und wir sehen uns wieder.

Liebe Grüße

Liebe Oma,

Der Schüler Ben Biel aus der Klasse 5 a hat an den Direktor seiner Schule einen Brief geschrieben. An seinem Brief ist einiges nicht in Ordnung. Lies ihn.

Herr Fichtner

ich finde, das geht so nicht. Imer ärgern uns die Großen. Die sind so gemein. Richtig doof sind die! Sie schubsen uns, lachen uns aus, nennen uns „Minis“, drängeln sich im Kiosk vor, halten uns die Tür zu und so. Vor allem die Jungens aus der Klasse, in der Alexanders Bruder ist, haben es auf uns abgesehen. Wir haben keine Pause ohne Krach.

Ich finde, Sie müssen was dagegen tun!

Ben

2 Überarbeite Bens Brief.

1. Unterstreiche die Stellen, die verändert oder ergänzt werden sollen. Achte auf Rechtschreibung und Umgangssprache.
2. Schreibe einen verbesserten Brief in dein Heft.

DAS MUSST DU WISSEN Offizielle Briefe

Ein offizieller Brief enthält immer einen **Briefkopf:**
- links oben – Absender mit Adresse,
- darunter – Empfänger mit Adresse,
- rechtsbündig – das Datum,
- Betreffzeile – führt das Thema des Briefs auf,
- Anrede – z. B.: *Sehr geehrter Herr Meier, ...* oder *Liebe Frau Sommer, ...* Beachte das Komma und schreibe klein weiter.

Dann folgt der **Brieftext.** Unter dem Brief steht die **Grußformel** (z. B.: *Mit freundlichen Grüßen*). Zuletzt wird der Brief **unterschrieben.**

3 Schreibe Bens Brief an den Direktor als offiziellen Brief.

Schau dir den folgenden offiziellen Brief an. Schreibe nach diesem Muster Bens Brief um. Beachte die Abstände (die Punkte stehen für Leerzeilen). Schreibe in dein Heft.

•
•
•
•
Eulenspiegel-Gymnasium
Schulleitung
In der Gauklergasse 13
23879 Mölln
•
•
•
•
•
Ann-Kathrin Benrath
Schreiberpfad 12 a
59602 Rüthen   Mölln, den 15. Februar 2011
•
•
•
•
Einladung zum „Tag des Buches“
•
•
Sehr geehrte Frau Benrath,
•
mit großer Begeisterung habe ich gerade Ihr Buch über Till Eulenspiegel gelesen.
Sie sehen, es ist auch ein Buch für ältere Leser!
Ich habe eine Bitte: Wir veranstalten am 23. April, dem „Tag des Buches“, einen Projekttag rund um Bücher zum Thema Till Eulenspiegel.
Wir – das Vorbereitungskomitee und ich – würden uns sehr freuen, Sie als Gast begrüßen zu dürfen. Wäre es Ihnen möglich zu kommen?
Wir wünschen uns zwei Lesungen im Rahmen des Nachmittagsprogramms.
Natürlich würde der Förderverein Kosten und Honorar übernehmen.
Über eine positive Antwort würden wir uns sehr freuen!
•
Mit freundlichen Grüßen
•
Hermann Bote
Hermann Bote (Schulleiter)
•
•
•

DAS MUSST DU WISSEN Anredepronomen im Brief

- Wenn du den Empfänger des Briefes gut kennst, verwendest du die Anredepronomen „du“ und „ihr“. Diese Anredepronomen kannst du groß- oder kleinschreiben.
- In offiziellen Briefen und bei Personen, die du nicht gut kennst, verwendest du die **höfliche Anrede** „Sie“, die großgeschrieben wird.
  Beispiele: *Ich hoffe, dass **Sie** unsere Schule besuchen werden.*
  *Ich freue mich, von **Ihnen** zu hören.*

4 **Werden in diesen Sätzen aus Briefen die Pronomen groß- oder kleingeschrieben?**

1. Ich möchte ___hnen herzlich gratulieren!
2. Hast ___u schon Neues von Max gehört?
3. Svenja hat einen neuen Hund. Habt ___hr ihn schon gesehen?
4. Hast ___u Laura schon zurückgeschrieben? Bestimmt wartet ___ie auf eine Antwort.
5. Können ___ie mir bitte mitteilen, ob ___hr Sonderangebot noch gilt?
6. Wir möchten ___hnen erklären, wie der Unfall passiert ist.
7. Liebe Ira, ich muss ___ir unbedingt schreiben!

5 **Trage im Brieftext die Anredepronomen ein.**

…,
wir bitten ______ höflich, auf das Schreiben zu antworten, das wir ______ vergangene Woche zugesandt haben. ______ glauben vielleicht, wir hätten nur zu ______ Vergnügen ein solches Fest veranstaltet. Da irren ______ sich! Vergnügen sollten ______ sich schon, aber ______ müssen doch anschließend auch ______ Rechnung bezahlen. ______ Überweisung erwarten wir sofort.
Mit freundlichen Grüßen
Carl Party

1.2 Berichten

DAS MUSST DU WISSEN

Ein **Bericht** ist sprachlich knapp, sachlich und genau.

- Alle wesentlichen Informationen müssen enthalten sein. Du kannst dir das ganz einfach merken: Ein Bericht beantwortet viele **W-Fragen:** *was?, wann?, wo?, wer?, wie?, warum?*
- Verzichte auf ausschmückende Verben und Adjektive sowie auf Einzelheiten und wörtliche Rede.
- Schreibe im **Präteritum** (Vergangenheit).

1 Lies den Text.

„Heute ist was Tolles passiert in der Klasse“, erzählt Marie zu Hause. „Ihr kennt ja David: Wenn der einen Ball sieht …! Tobias und Joschi warfen sich in der kleinen Pause einen Tennisball zu. David kam dazu und wollte mitspielen, aber die ließen ihn nicht.
Da schnappte er sich das große Lineal von der Wand und versuchte, den Ball abzufangen. Erst klappte das nicht, dann aber traf er ihn doch und schmetterte ihn gegen die Wanduhr! Nicht mit Absicht, aber er hatte so heftig geschlagen, dass sie runterfiel, und zwar erst auf die Tafel und dann auf den Overheadprojektor – und da ist jetzt die Glasscheibe über der Birne kaputt, und die Uhr auch. Das war ein Schreck!
Alle waren plötzlich ganz still. Da kam auch schon Frau Sander und war ziemlich sauer, als sie das sah! Aber dann meinte sie, einen Vorteil habe dieser Vorfall ja: Wir könnten jetzt gut darüber einen Bericht schreiben. Das müssten wir sowieso lernen, David würde nämlich einen Bericht für die Versicherung brauchen …“

2 Schreibe über das Geschehen einen Bericht an die Versicherung.

1. Welche Angaben aus Maries Erzählung kannst du für den Bericht an die Versicherung verwenden? Unterstreiche die Informationen mit Bleistift. Beachte auch die kleinen Bilder am Rand. Schreibe an den Rand die W-Frage, die hier beantwortet wird.
2. Gliedere nun die Informationen. Ordne sie den W-Fragen zu.

Was?

Wann?

Wo?

Wer?

Wie?

Warum?

3. Schreibe jetzt den Bericht. Arbeite in deinem Heft.

3 Schreibe einen Bericht über ein Ereignis in deiner Klasse. Nutze die folgenden Anregungen.

Klassenfahrt *Weihnachtsfeier* *peinlicher Versprecher*

Besuch eines Hundes im Biologieunterricht *Klassensprecherwahl*

gemeldet und dann alles vergessen

Achte auf:
- ▷ sachliche Informationen,
- ▷ knappe Darstellung,
- ▷ Präteritum,
- ▷ Beantwortung der W-Fragen.

Schreibe in dein Heft. Lass deine Eltern den Bericht lesen und frage sie, ob sie durch deinen Bericht gut informiert sind.

4 Frau Sander bringt einen Bericht mit, den sie gerade für die Lokalzeitung geschrieben hat. Lies den Text.

Gestern, am Mittwoch, dem 6. September, fand in der voll besetzten Aula des Gymnasiums die Endausscheidung des diesjährigen Vorlesewettbewerbs der Klassen 6 statt. Dabei wurde Constanze Vogel aus der 6c von der Deutschlehrer-Jury als Siegerin ermittelt. Ihre Mitbewerber und Mitbewerberinnen waren: Jonas Köhler (6a), Fabienne Müller (6b) und Larissa Köhler (6d). Die vier Kandidaten und Kandidatinnen hatten sich in diesem Wettbewerb des „Börsenvereins des Deutschen Buchhandels“ in der Woche zuvor im Deutschunterricht der Klassen als beste Leser qualifiziert.
Die vier Meisterleser mussten jeweils einen selbst gewählten und einen unbekannten Text vortragen. Die Deutschlehrer hatten sich für die Anfangsseiten aus dem witzigen Roman „Hilfe, ich hab meine Lehrerin geschrumpft“ von Sabine Ludwig entschieden. Das Publikum - versammelt waren die Klassen 5 und 6 - folgte der Lesung mit großem Vergnügen.

Alle vier Wettbewerbsteilnehmer erhielten als Auszeichnung einen vom Förderverein der Schule gestifteten Buchpreis. Constanze Vogel ist nun als Kandidatin zum Wettbewerb um den besten Leser oder die beste Leserin der Stadt eingeladen.

5 Suche die Antworten auf die W-Fragen in Frau Sanders Bericht **(s. S. 13).**

1. Schreibe die W-Fragen an den Rand des Berichts. Notiere sie dort, wo sie im Text beantwortet werden.
2. Welche W-Frage lässt sich nicht gut beantworten? Schreibe die Antwort in dein Heft.

1.3 Beschreiben

DAS MUSST DU WISSEN | **Gegenstände beschreiben**

Eine Beschreibung ist sachlich, informativ und knapp.
Du beschreibst einer anderen Person etwas, das diese nicht kennt.

- ▶ Beschreibst du einen **Gegenstand,** geht es nicht nur um das Aussehen. Du musst z. B. erklären, wie er funktioniert (ein Wecker) oder wozu er gebraucht wird (ein Handy).
- ▶ Schreibe im **Präsens** (Gegenwart).
- ▶ Achte auf eine **sinnvolle Reihenfolge,** z. B. zuerst das Äußere oder der Zweck oder von oben nach unten.
- ▶ Im **einleitenden Satz** solltest du den ersten Eindruck beschreiben oder die Funktion/Aufgabe des Gegenstands erklären, z. B.: *Ein Füller ist ein Schreibgerät ...*
- ▶ Schreibe **anschaulich.** Verwende treffende Adjektive und Vergleiche.
- ▶ Verwende **genaue Bezeichnungen** (Fachbegriffe). Erkläre sie, wenn sie nicht allgemein bekannt sind.

Bens Großvater gratuliert seinem Enkel am Telefon zum Geburtstag und fragt ihn, was er geschenkt bekommen habe. „Einen MP3-Player!“, teilt Ben begeistert mit. „Einen MP3-Player? Was ist das denn?“, fragt Opa. Ben möchte seinem Opa das Gerät beschreiben.

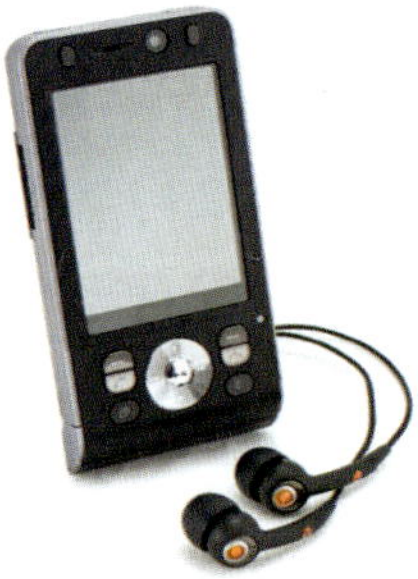

1 **Setze passende, genaue Bezeichnungen (Fachbegriffe) in den Lückentext ein.**

1.

Den MP3-Player kann man mit einem __________ um den Hals hängen.

2.

Viele MP3-Player haben einen __________ eingebaut.

3.

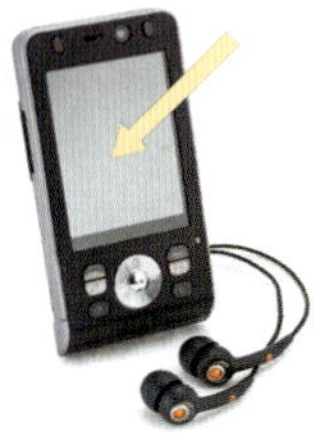

Am __________ kann ich verschiedene Angaben ablesen.

4.

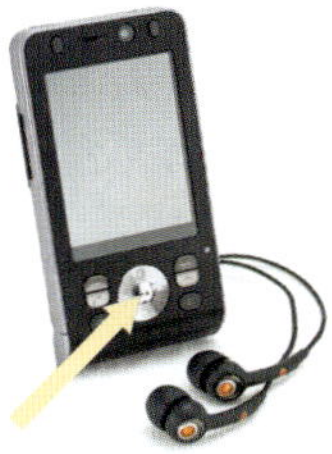

Das ist die __________, über die ich die verschiedenen Einstellungen vornehmen kann.

5.

Der Player wird über einen USB-Stick oder ein __________ an den Computer angeschlossen.

6.

Vom Computer wird die Musik dann auf einen __________ im Player geladen.

7.

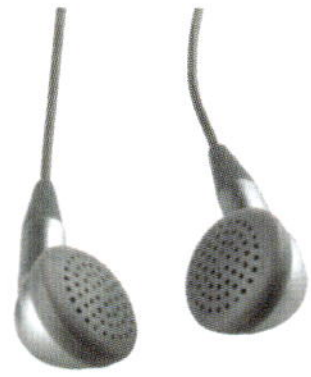

Die Musik höre ich dann über __________.

8.

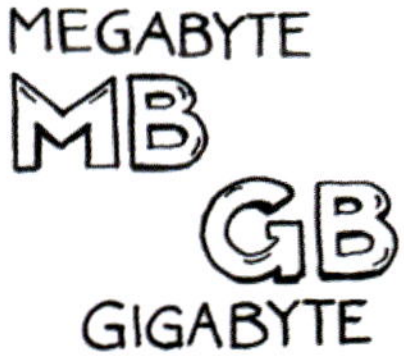

Die Speicherkapazität eines Players wird in __________ gemessen.

9.

Die neueren, etwas größeren MP3-Player sehen oft wie kleine __________ aus.

2 Eine Beschreibung muss verständlich aufgebaut sein. Bringe die folgenden Gliederungspunkte in eine sinnvolle Reihenfolge.

Schreibe die Reihenfolge unter der Liste in die Kästchen und begründe anschließend deine Wahl.

A Farbe
B Größe
C aufgedruckter Markenname
D drei Teile: Kopfhörer, das Gerät selbst (Tragegurt, Tasche)
E Energieversorgung (Batterien, Akku)
F Wozu ist der Player da?
G Wie funktioniert er?
H Wie bedient man ihn?

Mögliche Reihenfolge der Gliederungspunkte:

3 Der erste Satz ist die Einleitung zur Beschreibung. Welche Einleitung ist deiner Meinung nach am besten für eine Beschreibung geeignet?

Schreibe eine kurze Begründung in dein Heft.

1. Mein MP3-Player sieht aus wie ...
2. Als mir letztes Jahr an meinem Geburtstag ein Postbote ein kleines Päckchen überreichte, ahnte ich schon, dass es sich um einen MP3-Player handeln würde. Ich hatte ihn mir schon lange gewünscht ...
3. Ein MP3-Player ist ein kleines Gerät ...

4 Wie könnte Ben seinen neuen MP3-Player schriftlich beschreiben?

Ben meint, dass eine Beschreibung am Telefon schwierig ist. Er will seinem Großvater deshalb einen Brief schreiben.
Schreibe in dein Heft.

5 Beschreibe einen Gegenstand deiner Wahl.

Stell dir vor, du möchtest jemandem ein Fotohandy, eine Spielkonsole, ein Sportgerät oder Ähnliches erklären. Beschreibe den Gegenstand und seine Funktion. Schreibe in dein Heft.

6 Lies die beiden Texte.

1. Bei welcher Beschreibung steht die Funktion des Füllers im Vordergrund? Text ______
2. Welche Beschreibung geht eher vom Aussehen aus? Text ______

Beschreibung eines Füllers: Text 1

Ein Füller ist ein Schreibgerät. Aus einer Patrone oder einem Tank wird Tinte in die Feder geleitet und beim Schreiben auf Papier aufgetragen.

Bei einem Füller handelt es sich um eine aus Kunststoff gefertigte Röhre mit einem Durchmesser von etwa 1 Zentimeter und einer Länge von ungefähr 12 Zentimetern. Der Füller ist so geformt, dass er gut in der Hand liegt. An der Spitze befindet sich die Metallfeder. Sie wird mit einer Kappe vor dem Austrocknen geschützt. Die Kappe kann beim Schreiben so am anderen Ende aufgesetzt werden, dass sie den Füller verlängert.

Beschreibung eines Füllers: Text 2

Mein Füller ist blau-silbern. Es ist ein Füller der Firma XYZ. Der Hauptteil des Füllers mit Feder und Patronenfach ist silbern metallisch. Die Feder wird über eine eingesetzte Patrone mit Tinte versorgt. Ich kann den Schaft durch Drehen öffnen, um eine Tintenpatrone einzusetzen oder auszuwechseln. Die Verschlusskappe des Füllers, die Verschmutzung verhindern und die Feder schützen soll, ist blau gefärbt und hat einen ebenfalls silbernen Klemmbügel. Auf dem Klemmbügel ist mein Name eingraviert.

1.4 Meinungen begründen

DAS MUSST DU WISSEN

In Gesprächen setzt sich nicht zwangsläufig derjenige durch, der am lautesten oder am stärksten ist. Überzeugend wirkt, wer die besseren Argumente (Begründungen) vorbringt.
Argumentieren heißt, gute Gründe (Argumente) für eine Behauptung (These) vorzubringen. Es gibt bessere und schlechtere Argumente! Wenig überzeugend ist z. B., wenn ein Mitschüler in einer Diskussion ruft: „Ich bin gegen die neue Schulordnung, weil ich sie doof finde!"

1 Mareike sammelt Argumente für mehr Taschengeld.

1. Versetze dich in die Lage von Mareikes Eltern. Welches der folgenden Argumente würde dich überzeugen? Wähle aus.
2. Schreibe dieses Argument in dein Heft und ergänze ein Beispiel aus deiner Erfahrung, das die Aussagekraft des Arguments unterstützt.
3. Diskutiere mit deinen Eltern, welche Argumente sie überzeugen. Frage sie, warum dies so ist.

Ich brauche mehr Geld. *Alle anderen bekommen mehr Taschengeld.*

Der Deutsche Kinderschutzbund hat eine Empfehlung für die Höhe des Taschengeldes herausgegeben. Demnach bekomme ich für mein Alter zu wenig Geld.

Die Kinopreise steigen ständig. Ich kann mir von meinem Taschengeld nicht einmal eine Kinokarte pro Monat leisten.

Es nervt mich, immerzu jeden Euro umzudrehen.

Meine Freunde nehmen mich nicht mehr mit, weil ich nie Geld habe.

Ich möchte für meine Mitarbeit im Haushalt eine Taschengelderhöhung bekommen.

Als Julia so alt war wie ich jetzt, hat sie das Doppelte bekommen.

Kinder sind ein wichtiger Wirtschaftsfaktor. Ihr dürft den Einzelhandel nicht gefährden und müsst mir mehr Taschengeld geben, damit ich mehr kaufen kann.

2 Jan und Maike sind unterschiedlicher Meinung. Ordne jedes Argument einer Meinung zu. Trage dort die Ziffern ein.

„Ich bin für Schuluniformen."

„Ich bin gegen Schuluniformen."

1. „Ich fände es einfach gut, wenn alle die gleiche Kleidung tragen würden."

5. „Mir hat es gefallen, wie die Schüler in England gekleidet sind."

6. „Ich finde es gemein, einem vorzuschreiben, was man anziehen soll!"

2. „Eine Schuluniform fördert das Zusammengehörigkeitsgefühl."

3. „Ich möchte anziehen, was mir gefällt!"

7. „Dann kann niemand mehr mit Markenklamotten angeben."

4. „Wer soll denn die Schuluniformen bezahlen? Die sind teuer."

9. „Ich find Schuluniformen einfach blöd!"

8. „Ich meine, dass Schuluniformen überflüssig sind."

DAS MUSST DU WISSEN **Argumentieren**

Man unterscheidet zwischen Tatsachen und Meinungen:
- *„Heute Nacht hat es gefroren“* ist eine Tatsache.
- *„Ich finde das Wetter scheußlich“* ist eine Meinung.

Wer eine Meinung äußert, stellt eine **Behauptung** oder eine **These** auf. Diese sollte er auch **begründen** können, z. B. mit
- **Tatsachen:** *Die Klasse ist besser geworden, denn der Notenschnitt stieg von 3,1 auf 2,8.*
- eigenen **Beobachtungen** und **Erfahrungen:** *Ich habe beobachtet, dass Schüler, die keine Hausaufgaben machen, schlechte Noten schreiben.*
- **Beispielen:** *Bei Streitereien glauben die Lehrer immer den Beschreibungen der Mädchen.*
- **Zitaten/Aussagen** berühmter Persönlichkeiten: *Keine Ahnung, Herr Lehrer. Schon Sokrates sagte: „Ich weiß, dass ich nichts weiß.“*

Beim Argumentieren versucht man, die eigene Meinung oder eine Behauptung zu belegen und überzeugend zu begründen.
In einem Meinungsstreit überzeugt häufig derjenige, der die besseren Argumente (Begründungen) vorbringt. Daher ist es wichtig, gute Argumente für seine Position zu finden.

3 **Unterscheide Tatsache und Meinung. Schreibe in die Kästchen ein „T“ für Tatsache und ein „M“ für Meinung.**

1. Das Deutschbuch ist langweilig. ☐
2. Das Deutschbuch hat 287 Seiten. ☐
3. Ich finde, dieses Problem hat zwei Seiten! ☐
4. Bald ist Weihnachten. ☐
5. Das Wetter ist regnerisch. ☐

6. Harry Potter ist die Hauptfigur in den gleichnamigen Romanen.

7. Ich finde, das Wetter ist blöd!

8. Ben findet das Wetter blöd.

TIPPS UND INFOS **Eine Argumentation vorbereiten**

Wenn man einen Text schreiben möchte, sollte man ihn planen. Zunächst sollte man Gedanken und Ideen für den Text sammeln und sie anschließend sortieren (gliedern, strukturieren).

- ▶ Zur **Stoffsammlung** eignen sich Cluster oder Mindmaps.
- ▶ Für eine **Gliederung** ordnet man die Stoffsammlung. Man streicht überflüssige oder doppelte Punkte und bringt die übrig gebliebenen Punkte anschließend in eine sinnvolle Reihenfolge.
- ▶ Das überzeugendste Argument solltest du am Schluss bringen. Es bleibt im Gedächtnis deines Gegenübers haften und hilft so, ihn zu überzeugen.

Ein **Cluster** sieht aus wie ein Spinnennetz. Du setzt ein Wort, um das es geht, in die Mitte eines möglichst großen Blattes und notierst dann alle Gedanken und Ideen, die dir zu diesem Thema einfallen, mit Verbindungslinien zum Ausgangswort. So entsteht ein Bild deiner Gedanken.

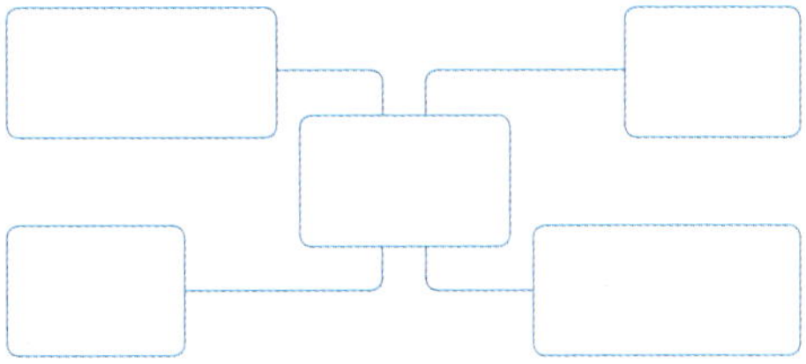

4 **Nimm Stellung für oder gegen die Einführung von Schuluniformen.**

1. Erweitere den Cluster auf S. 22 oben um weitere Ideen für Argumente.
2. Formuliere in deinem Heft deine eigene Position.
3. Unterstreiche die Aspekte in deinem Cluster, die deine Position stützen können.

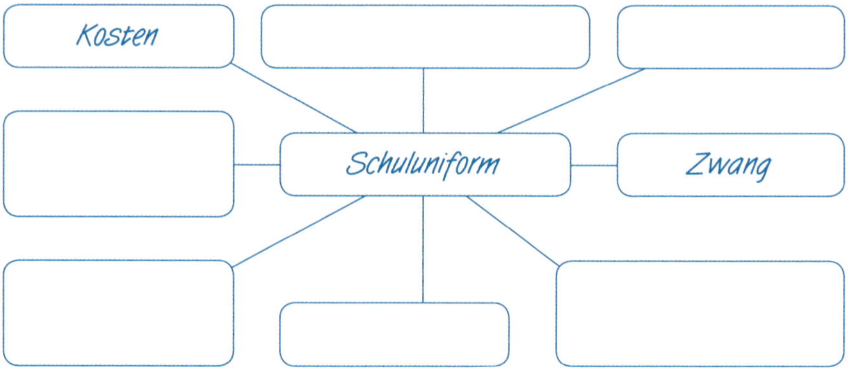

5 **Lies die Aussagen für und gegen Schuluniformen. Welche der Aussagen enthalten Argumente? Kreuze an.**

... für Schuluniformen:

1. „Ich fände es einfach gut, wenn alle die gleiche Kleidung tragen würden!“ ☐
2. „Eine Schuluniform fördert das Zusammengehörigkeitsgefühl.“ ☐
3. „Mir hat es schon immer gefallen, wie Schüler in England gekleidet sind.“ ☐
4. „Dann kann keiner mehr mit Markenklamotten angeben!“ ☐

... gegen Schuluniformen:

5. „Ich möchte anziehen, was mir gefällt!“ ☐
6. „Wer soll die Schuluniform denn bezahlen?“ ☐
7. „Das ist doch langweilig, wenn alle gleich gekleidet sind!“ ☐
8. „Ich finde es gemein, einem vorzuschreiben, was man anziehen soll!“ ☐
9. „Ich find Schuluniformen einfach blöd!“ ☐

BEISPIEL **Argumentation**

Pro und Kontra: Einheitliche Schulkleidung

Zwei Mitschüler von Jan und Maike haben ihre unterschiedliche Meinung zum Thema Schuluniform in einer Umfrage auf der Homepage der Schule zum Ausdruck gebracht:

Larissa schreibt:

Ich bin für einheitliche Kleidung aller Schülerinnen und Schüler!
Es muss ja nicht eine „Schuluniform" sein, man kann ja auch von „Schulkleidung" sprechen und beispielsweise nur die Farbkombination festlegen. Natürlich müssten die Schüler selbst die Entscheidung treffen. Die einheitliche Kleidung drückt ein Gemeinschaftsgefühl aus und den Stolz auf die Schule. So kann dann auch niemand mehr mit teurer Kleidung angeben und einige ältere Schülerinnen und Schüler sähen etwas anständiger aus. Schüler in einheitlicher Schulkleidung würden sich sicher auch außerhalb der Schule viel besser benehmen, da sie viel schneller zuzuordnen sind!

Till schreibt:

Ich bin gegen die Schuluniform oder wie immer man die einheitliche Schulkleidung auch nennen will! Ein Grund ist: Schuluniformen würden sehr teuer für unsere Eltern, weil ja dann zusätzlich Kleidung gekauft werden muss. Und man muss die Schulkleidung doppelt haben, um sie waschen oder ausbessern zu können. Die Schuluniform wäre außerdem auf Dauer langweilig, man würde sich, beispielsweise an den Farben, schnell sattsehen. Zudem ist es nicht richtig, dass man weniger „Markenklamotten" tragen würde: Jeder weiß doch, wer aus einer reicheren und wer aus einer ärmeren Familie kommt! – Nein, ich bin gegen Schuluniformen: Wir sind doch keine Soldaten!

Eine **Mindmap** erleichtert die Gliederung eines Textes. Sie wird wie ein Cluster (s. S. 21) ebenfalls gezeichnet. Es handelt sich um eine Gedankenkarte. In der Mitte steht wieder das Thema, zu dem Gedanken gesammelt werden. Von diesem Begriff zweigen nun wie auf einer Landkarte Wege ab, auf denen geordnet die verschiedenen Gedanken zum Thema stehen. Diese „Wege" sind die Oberbegriffe zu deinen Argumenten. Von den Oberbegriffen zweigen weitere Wege ab. Verwende sie für die Beispiele und Belege, die deine Argumente stützen.

6 Bist du für oder gegen Schule am Nachmittag?

1. Betrachte die Mindmap zum Thema Ganztagsschule.
2. Mögliche weitere Oberbegriffe sind z. B. „Stundenplan" oder „Fragen zur Tagesplanung". Trage diese in die Mindmap ein und ergänze eigene Ideen für weitere Oberbegriffe. Arbeite diese Oberbegriffe zu Argumenten aus.
3. Trage weitere Beispiele ein und ergänze auch Beispiele für die neuen Argumente.

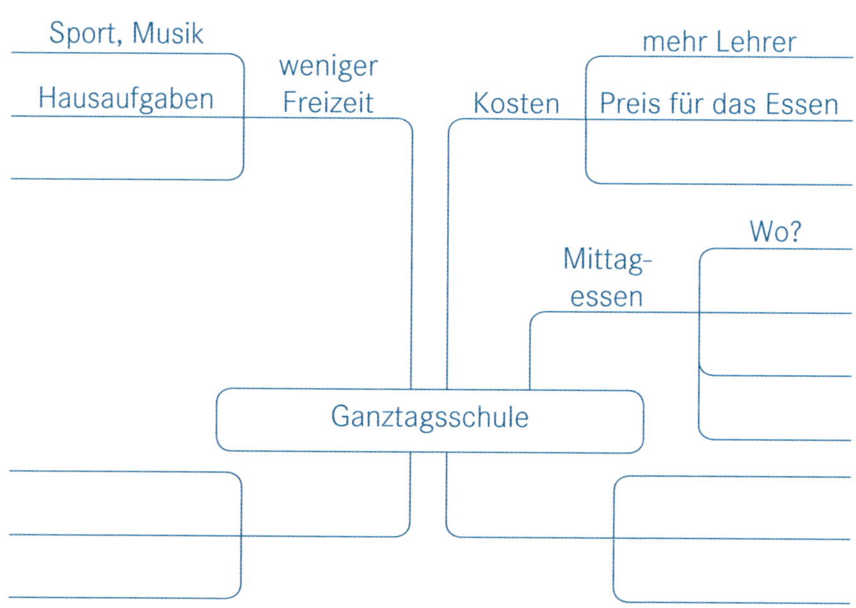

7 **Schreibe nun mithilfe der gesammelten Ideen eine eigene Argumentation.**

Schreibe in dein Heft. Du kannst beispielsweise mit deiner eigenen Ansicht beginnen und dann die Argumente anführen, die deine Meinung belegen:
Ich bin für/gegen den Nachmittagsunterricht, weil …

8 **Erstelle einen Cluster zum Thema „Handyverbot in der Schule?“.**

9 **Entwickle aus dem Cluster zum Thema „Handyverbot in der Schule?“ eine nach Oberbegriffen strukturierte Mindmap.**

1.5 Erzählen

DAS MUSST DU WISSEN Merkmale erzählender Texte

Wer erzählt, möchte die Aufmerksamkeit der Hörer oder Leser gewinnen und sie ins Geschehen hineinziehen. Dazu muss eine Erzählung interessant und spannend sein. Beim Erzählen werden verschiedene sprachliche Mittel eingesetzt, um die Hörer oder Leser zu unterhalten.

- **Aufbau:** Die Erzählung muss so aufgebaut sein, dass ein Spannungsbogen erzeugt wird. Die **Einleitung** enthält die wichtigsten Informationen zur Einführung ins Geschehen. Der Erzähler versucht, die Aufmerksamkeit zu gewinnen sowie die Neugier zu wecken auf den Fortgang des Geschehens.
  Im **Hauptteil** wird das wesentliche Geschehen, der Erzählkern, in einzelnen Erzählschritten entfaltet. Hier steuert die Geschichte auf den Höhepunkt zu.
  Im **Schluss** löst sich die Spannung auf. Man kann einen Ausblick auf das weitere Geschehen geben oder die Erzählung mit einer Schlusspointe oder einer amüsanten Idee abrunden.
- **Zeitform:** Man erzählt im Präteritum. Wenn es besonders spannend wird, kann man ins Präsens wechseln.
- **Perspektive:** Man kann in der Ichform oder in der Er-/Sie-Form schreiben.
- **Anschaulichkeit:** Um die Hörer oder Leser stärker in das Geschehen hineinzuziehen, muss man auf anschauliches Erzählen achten. Man wählt abwechslungsreiche Verben und treffende Adjektive. So kann man die Gedanken und Gefühle der Beteiligten besser schildern und die Stimmung ausmalen. Wörtliche Rede kann eine Erzählung lebendiger machen.
- **Verzögerungen und Andeutungen:** Die Spannung wird gesteigert, wenn man die Erzählung verzögert, also nichts vorzeitig „verrät“. Auch Andeutungen erhöhen die Spannung.
- **Überschrift:** Eine Erzählung sollte einen Titel haben, der nicht zu viel verraten darf, aber die Neugier weckt.

1 Lies die folgende Erzählung.

Die verschwundene Schokolade

Vor gut fünfzig Jahren gingen die Türen der Autos oft noch nach vorn auf – und das hätte mich beinahe das Leben gekostet! Ich muss euch das einmal erzählen, damit ihr wisst, wie wichtig Sicherheitsgurte und Verbandskästen sind und wie gut und richtig es ist, dass es kleinen Kindern verboten ist, vorn zu sitzen.

Ich durfte, als ich so fünf oder sechs Jahre alt war, in den Ferien meinen Vater immer auf seinen Geschäftsreisen begleiten, vorn neben ihm sitzend in unserem alten DKW. Der Wagen war klapprig und man konnte durch die Türritzen sehen. Manchmal öffnete mein Vater die Tür noch einmal, wenn sie nicht richtig eingerastet war, um sie dann fester zuzuschlagen. So etwas bemerkt man als kleiner Junge sehr genau.

Als wir einmal mit Tempo 80 – das war damals für uns die Höchstgeschwindigkeit – auf einer langen, geraden Strecke fuhren, wollte ich meinen Vater nachmachen. Ich meinte nämlich gesehen zu haben, dass die Tür nicht richtig im Schloss saß, sagte kurz: „Die Tür ist nicht zu!", und öffnete sie, um sie wieder richtig zu verschließen. Aber dazu sollte es nicht mehr kommen.

Das Nächste, woran ich mich erinnere, ist ein Bild, das ich nie vergessen werde: Ich sehe unseren Wagen wegfahren, mit offener Tür, und ich denke: „Papa wartet auf mich, ich muss mich beeilen, sonst fährt er ohne mich weg!" Ich rapple mich auf und renne los.

Dass ich nicht gut laufen konnte, dass mir alles wehtat, habe ich wohl in diesem Moment nicht gemerkt. Da kam Papa mir aber auch schon entgegen und nahm mich in die Arme. – Was war passiert?

Die Tür war sofort vom Fahrtwind erfasst worden und aufgeflogen, so erzählte er später. Ein Halteriemen war zerrissen und ich flog in hohem Bogen aus dem Wagen.

Es sei alles ganz schnell gegangen, zu schnell. Er wollte noch nach mir greifen, aber da war ich schon draußen. „Ich dachte: Er stirbt!“ Denn die Strecke war gesäumt von Begrenzungssteinen und Bäumen, ich hätte unter die Hinterreifen geraten können oder vor ein nachfolgendes Fahrzeug! Aber ich hatte Glück, ich rutschte etliche Meter über die Fahrbahn, ich zog mir lediglich unzählige Schürfwunden an Armen und Beinen zu und meine Kleidung war kaputt. Was ich aber schlimmer fand: Eine Tafel Schokolade, die ich geschenkt bekommen und mit der ich herumgespielt hatte, war weg!

Die Straßen früher waren viel leerer als heute. Hinter uns fuhr, in großem Abstand, ein Kleinwagen mit einer ganzen Familie. Sie sahen mich aus dem Auto fallen und hielten natürlich sofort an, um zu helfen. Das war auch gut so, denn wir hatten keinen Verbandskasten! Ich wurde verbunden und bekam einige Pflaster aufgeklebt. Langsam spürte ich die Schmerzen und jammerte vor mich hin. Im nächsten Ort hielt mein Vater an, kaufte einen Verbandskasten – und für mich eine Tafel Schokolade.

2 Beantworte die folgenden Fragen zu der Erzählung.

Lies den Kasten auf S. 26 genau durch, bevor du mit der Arbeit beginnst. Schreibe die Antworten zu den nachfolgenden Fragen in dein Heft. Belege deine Beobachtungen, indem du die Zeilen für die dazu passenden Textbelege angibst.

1. Wie wird die Aufmerksamkeit geweckt?
2. An welchen Stellen setzt der Erzähler eine Verzögerung ein? Schreibe die Sätze auf.
3. Wo wechselt der Erzähler die Perspektive?
4. Aus welcher Sicht wird erzählt?
5. Wo liegt der Höhepunkt der Erzählung?
6. Wo wird die Zeitform gewechselt?
7. Hast du eine Idee für eine andere Überschrift?

3 Erzähle die Geschichte aus der Sicht des Fahrers oder der Fahrerin des nachfolgenden Kleinwagens.

Schreibe die neue Erzählung in der Ichform in dein Heft.

TIPPS UND INFOS Erzählungen schreiben

Erzählungen können ganz unterschiedliche Anlässe haben.
Es muss nicht immer etwas Besonderes, Sensationelles sein, wovon man erzählt. Oft wird von kleinen Alltäglichkeiten erzählt: Späße in der Klasse während der Pause, Beobachtungen auf dem Schulweg, Erlebnisse in den Ferien. Erzählungen können realistisch sein und von etwas handeln, das man wirklich erlebt hat. Man kann aber auch Fantasiegeschichten erfinden oder einen Traum aufschreiben und spannend gestalten.

- ▶ Erzähle **spannend** und **anschaulich.** Dabei helfen Adjektive (z. B. *kühl, herrlich, laut)* oder Partizipien (z. B. *singend, gekauft*).
- ▶ Achte auf **Abwechslung in den Satzanfängen** und bei den verwendeten **Verben.** Die Verben müssen genau passen.

4 Wende die Umstellprobe an, um abwechslungsreiche Satzanfänge zu schreiben.

1. Unterteile die Sätze in Satzglieder, indem du senkrechte Striche ziehst.
2. Stelle die Satzglieder um und schreibe jeden Satz mit zwei anderen Satzanfängen auf.

BEISPIEL

Heute Morgen/ist/mir/etwas ziemlich Aufregendes/zugestoßen.
Etwas ziemlich Aufregendes ist mir heute Morgen zugestoßen.
Mir ist heute Morgen etwas ziemlich Aufregendes zugestoßen.

a) Das nächste Mal möchte ich mit meinem Vater im Auto etwas ruhiger reisen.
b) Erfreulicherweise endet nicht jeder Ausflug mit meinem Vater mit einem solchen Abenteuer.
c) Schokolade esse ich eigentlich überaus gern.
d) Die Nerven sind bei Menschen in meinem zarten Alter stark wie Drahtseile.

5 Schreibe eine Erzählung zu einem Zeitungstext.

1. Lies den folgenden Text.

Polizei erschien sehr schnell am „Tatort“

Für erhebliche Verwirrung sorgte gestern Vormittag ein vermeintlicher Banküberfall in der Innenstadt von W.
Etliche Passanten hatten offensichtlich die Aufnahmewagen der Filmgesellschaften und die am Rande postierten Kamerateams übersehen, die hier am „Kohlmarkt“ einige Szenen für den nächsten Kölner „Tatort“ drehen sollten. Als Schüsse zu hören waren, zwei „Gangster“ mit Waffen in den Händen das Bankgebäude, das zudem zu brennen begann, verließen, riefen sie bei der Polizei an, um einen Überfall zu melden. Die Polizei kam auch überraschend schnell, aber es handelte sich um Schauspieler in den Rollen von Streifen- und Kriminalbeamten. Spätestens als die „Kommissare“ Ballauf und Schenk auf der Bildfläche erschienen, legte sich die Aufregung. Sie nahmen die Verfolgung der „Gangster“ auf, während stark verletzt aussehende „Geiseln“ und „Bankangestellte“ aus dem Gebäude geschafft wurden.
Dabei kam es zu einem Zwischenfall. Ein Rettungswagen fand keinen Weg durch die dicht stehenden Neugierigen, und ein Sanitäter lieferte sich daraufhin ein heftiges Wortgefecht mit den Schaulustigen. Aber auch diese Szene gehörte offensichtlich zum geplanten Film.

2. Stelle W-Fragen zum Text. Gib den Inhalt kurz in eigenen Worten wieder.
3. Stell dir vor, du wärst am „Tatort“ gewesen. Später teilst du deinem Freund über ICQ dieses Erlebnis mit. Überlege: Welcher der vier Textanfänge ist als Einleitung einer Erzählung am besten geeignet?

A Heute Morgen habe ich zufällig gesehen, wie am Kohlmarkt ein Banküberfall für den „Tatort“ gedreht wurde. Das sah so echt aus, dass ich erst dachte, es wären richtige Gangster ...

B Als ich heute Morgen am Kohlmarkt vorbeikam, sah ich da viele Leute stehen ...

C Heute Morgen war vielleicht was los am Kohlmarkt! Da wurde die Filiale der X-Bank von bewaffneten Gangstern überfallen – aber keine Sorge, es waren nur Filmaufnahmen für den „Tatort“ ...

D Heute Morgen haben viele Leute die Filmaufnahmen für den nächsten „Tatort“ vor der Bankfiliale am Kohlmarkt für einen echten Überfall gehalten und die Polizei gerufen ...

6 Suche lebendige und anschauliche Verben für deine Erzählung.

Ersetze die fett gedruckten Verben und Wortgruppen durch anschaulichere. Schreibe in dein Heft. Beachte, dass andere Verben auch andere grammatische Bezüge erfordern können.

Ein Polizeiwagen **kommt** an den Tatort. Gangster **verlassen** das Bankgebäude. Schüsse **sind zu hören.** Ein Kamerateam **macht Aufnahmen.** Ein Feuer **ist zu sehen.** Die Kommissare **nehmen die Verfolgung auf.** Passanten **beobachten** die Ereignisse. Ein Sanitäter **liefert sich ein Wortgefecht** mit Schaulustigen.

7 Die folgenden Verben werden häufig in Erzählungen gebraucht. Sammle für jedes Verb weitere Verben mit gleicher oder ähnlicher Bedeutung.

Du kannst die Verben beim Schreiben verwenden, um lebendiger oder anschaulicher zu schreiben.

1. laufen ______
2. rufen ______
3. schreiben ______
4. überlegen ______
5. lachen ______
6. kaufen ______
7. hören ______
8. essen ______
9. sehen ______
10. sagen ______

8 Eine Erzählung wirkt erst durch passende Adjektive oder Partizipien (Attribute) lebendig. Ergänze sie im Text.

Am Straßenrand standen ______ Passanten. Die Kommissare stürmten mit ______ Pistole ins Bankgebäude. Mit ______ Reifen hielt ein Rettungswagen vor dem Eingang. Die ______ Gangster verließen das Gebäude. Einige ______ Geiseln und Bankangestellte wurden auf Bahren herausgetragen.

Ein ______ Mann vom Filmteam erklärte den Zuschauern, dass dies kein ______ Banküberfall sei.

Ein ______ Krankenwagenfahrer lieferte sich ein Wortgefecht mit Neugierigen.

9 Die folgenden Adjektive werden häufig in Erzählungen gebraucht.

Ersetze die fett gedruckten Adjektive durch lebendigere und anschaulichere.

1. ein **gutes** Buch ______
2. ein **großes** Feuer ______
3. ein **blödes** Thema ______
4. eine **komische** Sache ______
5. eine **interessante** Sendung ______
6. ein **schöner** Urlaub ______
7. ein **kleines** Tier ______
8. **schlechtes** Wetter ______

10 Die wörtliche Rede macht eine Erzählung lebendig und anschaulich.

Denke dir passende wörtliche Aussagen aus und füge sie in die Erzählung ein. Schreibe in dein Heft.

1. Als ich auf die Gruppe der Zuschauer traf, fragte ich eine ältere Frau: ...
2. Sie antwortete mir: ...
3. Der eine der beiden Gangster schrie dem anderen zu: ...
4. Kommissar Ballauf sah die Gangster fliehen und rief seinem Kollegen zu: ...
5. Der wütende Sanitäter fuhr die Schaulustigen an: ...

11 Man kann sich ein Geschehen besser vorstellen, wenn der Text ergänzende genaue Beobachtungen enthält.

Ordne den folgenden Formulierungen die genannten Personen(gruppen) zu. Notiere die Zahlen.

a) im Laufschritt
b) mit hochrotem Kopf
c) übereilt, hastig
d) auf Tragen
e) kurzerhand

1. wütender Sanitäter 2. herbeieilende Kommissare 3. Verletzte
4. telefonierende Passanten 5. fliehende Gangster

TIPPS UND INFOS **Was wird erzählt?**

- Witze, Märchen, sonderbare Begebenheiten und Romane bzw. Jugendbücher werden erzählt. Man erzählt von eigenen Erlebnissen, man erinnert sich oder man schmökert in abenteuerlichen Erzählungen.
- Erzählungen können erfunden sein, man kann jedoch auch realistische Erzählungen mit viel Fantasie ausschmücken.

Erzählungen fördern das Vorstellungsvermögen der Zuhörer oder Leser. Texte, die vorwiegend informieren, nennt man Sachtexte.

12 Untersuche, welche der folgenden Situationen sich für eine Erzählung eignen.

1. Ergänze die passenden Verben in den Sätzen.

berichtet *beschreibt* *teilt mit* *erzählt* *erklärt*

a) Max ______, wie sein neuer MP3-Player funktioniert.

b) Auf dem Polizeirevier ______ ein Zeuge den Täter.

c) Die Ministerin ____________ Einzelheiten des neuen Gesetzes ____________ .

d) Grete ____________ einen Traum.

e) Der Nachrichtensprecher ____________ , was sich in der Katastrophennacht ereignet hat.

2. Umkreise Verben, die auf einen Sachtext hindeuten.

13 Schreibe eine Fantasieerzählung: „Als es Geld vom Himmel regnete …“ (eine wahre Geschichte).

1. Lies den folgenden kurzen Text.

> In Neapel ist vor einigen Jahren etwas Merkwürdiges passiert: Von einem kleinen Flugzeug aus, das über einem von Menschen wimmelnden Volksfestplatz kreiste, warf ein unbekannter Mann aus einem Koffer minutenlang Geldscheine in die Luft. Insgesamt 25 000 Euro regneten auf diese Weise vom Himmel.

2. Stell dir vor, du hättest dieses Volksfest besucht, als die Geldscheine vom Himmel fielen. Erzähle davon und schreibe die Geschichte in dein Heft.

14 Wähle ein Erzählthema.

1. Erzähle einen Traum.

2. Erzähle von einem Tag, an dem alles schiefging.

3. „Heute war mal wieder nichts Besonderes!“ Erzähle, wie dein ganz normaler Tag verlief.

Schreibe zu dem Thema deiner Wahl eine Erzählung in dein Heft.
Achte auf Einleitung, Hauptteil und Schluss.

TIPPS UND INFOS **Einen Text überarbeiten**

Wenn man einen Text geschrieben hat, sollte man ihn überarbeiten. In der ersten Fassung sind manchmal Sätze nicht ganz logisch oder Satzanfänge, Adjektive oder Verben wiederholen sich. Prüfe auch, ob der Aufbau stimmt und ob Rechtschreibung und Zeichensetzung fehlerfrei sind.

- **Laut lesen**
  Lies deinen Text laut. Lies langsam und überspringe nichts, höre auf den Text. Beim Lesen bemerkst du oft selbst, wo der Text Schwächen hat, was gut formuliert oder unverständlich ist.
- **Pause und Abstand**
  Lege vor dem Überarbeiten eine kleine Pause ein. Erledige etwas anderes. Dann bekommst du Abstand zum eigenen Text und kannst ihn besser beurteilen.
- **Ins Reine schreiben**
  Wenn beim Überarbeiten viel umgestellt und geändert wird, sollte man den Text abschließend neu schreiben. Dann lässt er sich leichter lesen und macht einen besseren Eindruck.
- **Mit Fußnoten arbeiten**
  Wenn zum Neuschreiben keine Zeit ist, etwa bei einer Klassenarbeit, dann füge Fußnoten ein: Setze eine kleine Zahl an die Stelle[1], an der etwas ergänzt werden soll. Stelle die Ergänzung mit der gleichen Zahl an den „Fuß“ der Seite oder ans Ende der Arbeit, vom Text ein wenig abgesetzt. Anmerkungen im Text verwirren nur.
- **Überarbeiteten Text erneut lesen**
  Auch eine Überarbeitung muss kontrolliert werden! Achte besonders auf logische Satzfolgen und passende Verknüpfungen (Konjunktionen).

[1] Dies ist eine Fußnote.

15 Überarbeite deine Erzählung.

16 Schau dir noch einmal die wesentlichen Merkmale eines Berichts und einer Erzählung an.

Wenn du eine Erzählung und einen Bericht vergleichst, erkennst du sicher schnell die Unterschiede. Ergänze die folgenden Sätze mit passenden Wörtern.

1. Ein Bericht ist knapp, eine Erzählung ist ______.
2. Ein Bericht beschränkt sich auf das Wesentliche, die Erzählung dagegen enthält auch ______.
3. Ein Bericht ist sachlich, die Erzählung ist ______.
4. Das Tempus eines Berichts ist das ______.

1.6 Übungen zum Ausdruck

TIPPS UND INFOS **Lesen, lesen, lesen!**

Ob Brief, Bericht, Erzählung – bei allen Texten, die du schreibst, stehst du ständig vor der Entscheidung:

- Welche Wörter und Wendungen verwende ich?
- Wie bilde ich abwechslungsreiche Sätze?

Je besser du dich ausdrückst, desto besser wird der Text.
Es geht dabei um Genauigkeit und um Verständlichkeit.

Je größer dein Wortschatz, desto größer ist die Auswahl an Formulierungen, die dir zur Verfügung stehen. Am besten lernst du interessante, neue Wörter und Wendungen kennen, wenn du viel liest.

1 **Oft stockt man beim Schreiben, weil einem das passende Wort nicht einfällt.**

Finde für die folgenden Wörter andere Wörter mit gleicher Bedeutung. Solche Wörter werden Synonyme genannt.

BEISPIEL

dann – anschließend

Oft gibt es mehr als nur ein Synonym. Findest du mehrere? Schreibe in die Kästchen und – wenn nötig – in dein Heft.

1. sagen		**14.** Haus	
2. hier		**15.** etwas	
3. ängstlich		**16.** leise sprechen	
4. sich setzen		**17.** ungenau	
5. super		**18.** wütend	
6. begegnen		**19.** groß	
7. bedeutend		**20.** Idee	
8. still		**21.** nass	
9. und		**22.** krumm	
10. gehen		**23.** antworten	
11. Bild		**24.** nur	
12. Computer		**25.** vielleicht	
13. regnen		**26.** streiten	

2 Sicher liest du manchmal Wörter, die du nicht kennst. Kreuze die richtige Worterklärung im entsprechenden Kästchen an.

Wenn du das Wort nicht kennst, schlage seine Bedeutung in einem Wörterbuch nach.

1. feixen
   - ☐ Metall härten
   - ☐ grinsen
   - ☐ kneifen (umgangssprachlich)
2. Blamage
   - ☐ große Menge von Kindern
   - ☐ eine Süßspeise
   - ☐ beschämende Situation
3. Brandung
   - ☐ Verbrennen von Feldabfällen, Strauchwerk u. Ä.
   - ☐ praktische Prüfung von Feuerwehrleuten
   - ☐ sich an der Küste brechende Wellen
4. eingeschnappt
   - ☐ beleidigt
   - ☐ verschlossene Tür
   - ☐ erfolgreiche polizeiliche Festnahme
5. Gezeiten
   - ☐ Ausdruck für unterschiedliche Wasserstände (Ebbe/Flut)
   - ☐ Vergangenheit
   - ☐ Jahresablauf in der Landwirtschaft
6. zetern
   - ☐ Hosenbein/Rocksaum kürzen
   - ☐ einen Maibaum aufstellen
   - ☐ aufgeregt daherreden
7. Ranzen
   - ☐ seltenes Salatgewächs
   - ☐ Schultasche
   - ☐ faulende Stellen an Lebensmitteln

8. versäumen
- als Spielverderber handeln
- etwas verpassen
- eine Naht befestigen

9. heucheln
- etwas vortäuschen
- hinterrücks jemanden umbringen
- Rasenkanten bearbeiten

10. prompt
- sofort
- frech, aufsässig
- mit großem Aufwand

11. Epidemie
- Zentrum eines Erdbebens
- Gerät, mit dem in der Schule Bilder aus Büchern an die Wand geworfen werden können
- Massenerkrankung

12. Flaute
- leichte Übelkeit
- kleines Schiff
- Windstille

13. Finte
- Scheinangriff
- alberner Witz
- Kerbe in der Brotkruste

14. Rinnsal
- Landschaft
- kleines Gewässer
- Abführmittel

15. perplex
- geschickt
- verdutzt, überrascht
- beschönigend für dumm

DAS MUSST DU WISSEN | **Abwechslungsreich schreiben**

Wenn du die Aufmerksamkeit deiner Leser oder Zuhörer bekommen und erhalten möchtest, musst du auf eine abwechslungsreiche Sprache achten.
Dabei sind **treffende Verben** und **anschauliche Adjektive** wichtig, aber auch **unterschiedlich gestaltete Sätze.** Dadurch wird dein Text lebendiger.

So schreibst du abwechslungsreich:

- Schreibe nicht nur kurze Sätze mit Subjekt, Prädikat, Objekt.
  Füge Attribute (z. B. *das schöne Haus*) oder adverbiale Bestimmungen ein (z. B. *das Haus am Waldrand*). Formuliere Nebensätze.
- Verknüpfe die Sätze sinnvoll durch Konjunktionen (Bindewörter):
  Statt z. B.: *Mark kam um drei Uhr. Sein Zug hatte Verspätung.*
  Besser: *Mark kam erst um drei Uhr, da sein Zug Verspätung hatte.*
- Stelle die Satzglieder im Satz um.
  Statt z. B.: *Wir trafen uns vor der Sporthalle.*
  Umgestellt: *Vor der Sporthalle trafen wir uns.*

Typische Konjunktionen (Bindewörter), die einen Text abwechslungsreicher gestalten, sind z. B.:
Nachdem *der Streit geklärt worden war, klappte das Zusammenspiel besser.*
Als *das dritte Tor fiel, war das Spiel auf dem Höhepunkt.*
Obwohl *sie deutlich besser spielten, waren sie im Rückstand.*
Während *wir noch das 3:2 verarbeiteten, bestürmten sie schon wieder unser Tor.*
Das Spiel war im Grunde entschieden, ***aber*** *unsere Gegner kämpften unverdrossen weiter.*

3 Die folgenden Sätze sind langweilig formuliert. Verändere sie.

Verbinde die Sätze so, dass ein abwechslungsreicher Text entsteht. Schreibe in dein Heft.

Arri spielt zu Boris.
Boris gibt an Chris.
Chris foult David.
David geht zu Boden.
Ewi holt sich den Ball.
Fritz fängt ihn ab und schießt – Tor!

4 Überarbeite den folgenden Text.

Füge treffende Adjektive ein, ersetze Wörter, die mehrfach wiederholt werden. Stelle einzelne Sätze sinnvoll um. Schreibe in dein Heft.

Wir haben uns gestern in der Schule zu einem Klassennachmittag getroffen. Die Eltern hatten Getränke und Kuchen besorgt. Unsere Mentoren hatten Spiele vorbereitet. Unser Klassenlehrer hat erst noch den nächsten Klassenausflug besprochen. Wir haben uns dann über den Kuchen hergemacht. Wir haben dann das weitere Programm besprochen. Die Jungen wollten in die Sporthalle. Die Mädchen wollten den Klassenraum verschönern.

5 Verbinde die folgenden Satzteile zu unterschiedlichen Satzkonstruktionen.

Weiter geht es auf S. 44. Schreibe die Sätze in dein Heft.

BEISPIEL

Text fertig | falsches Thema | *nachdem*

Nachdem ich den Text fertig geschrieben hatte, stellte ich fest, dass ich das falsche Thema genommen hatte.

Mögliche Konjunktionen (manche kannst du mehrfach verwenden):

obwohl *weil* *unter der Bedingung, dass …* *indem*

während *aber* *gerade als* *da* *dass*

1. Ballspiel Deckenlampe kaputt
2. gründlich geübt viele Fehler
3. schlecht geschlafen unkonzentriert
4. Mädchen mitspielen Fußballspiel
5. gut gelesen Fehler gemacht
6. gerade den letzten Satz Gong
7. Arbeit schreiben Lehrer liest Zeitung
8. dauerndes Stören anderer Platz
9. Bestrafung Ausflug gestrichen

6 Setze ein:

indem *dass* *nachdem* *als* *während* *weil* *obwohl*

1. In dem Moment, ______ ich die Haustür hinter mir zuzog, fing es an zu regnen.
2. Ich beeilte mich, ______ ich spät dran war.
3. ______ es erst vier Uhr war, dunkelte es bereits.
4. Ich schützte mich vor dem Regen, ______ ich dicht an den Häuserwänden entlanglief.
5. ______ ich an der Ampel wartete, überquerten viele Passanten bei Rot den Fußgängerüberweg.
6. Ich hatte mich so beeilt, ______ ich völlig außer Puste war.
7. ______ ich dreimal geklingelt hatte, gab ich auf.

1.7 Übungen zum freien Schreiben

TIPPS UND INFOS **Schreiben macht Spaß**

Vielen fällt das Schreiben schwer, wenn sie einen Text zu einem bestimmten Thema schreiben sollen.
Wenn man einmal schreiben kann, worüber man will, fällt das Schreiben oft viel leichter. Es macht sogar Spaß!

1 Stell dir eine Situation vor und lasse dich von deiner Fantasie treiben.

Schreibe deine Gedanken und Gefühle auf. Daraus kannst du anschließend eine kleine Geschichte verfassen. Sie kann spannend, lustig, geheimnisvoll oder verrückt sein – so wie es deiner Stimmung entspricht. Denk dir auch eine Überschrift für deine Geschichte aus.

2 Schreibe, ohne abzusetzen.

Stell dir einen Wecker auf zehn Minuten. Das „Spiel“ besteht darin, diese zehn Minuten zu schreiben, ohne zu unterbrechen! Was du schreibst, spielt keine Rolle. Du kannst z. B. über den Film von gestern Abend, einen Traum oder die Aussicht aus deinem Fenster schreiben.
So könntest du anfangen:

BEISPIEL

Ich sitze jetzt hier und fange an zu schreiben. Es ist 3 Uhr 23, ich habe meine Schularbeiten erledigt und freue mich …

Wenn du einmal kurz nicht weiterweißt, machst du Schlangenlinien, bis dir wieder etwas einfällt: ~~~~~~~~~~~~~~~~~~~~

Setze deinen Stift nicht ab, bis der Wecker läutet.

3 Schreibe einen Abc-Text.

Schreibe, ohne abzusetzen, so wie oben beschrieben, allerdings nach einer „Spielregel“: Jeder neue Satz muss mit dem nächsten Buchstaben des Alphabets anfangen.

BEISPIEL

Am letzten Sonntag ist etwas Merkwürdiges passiert. Birte kam mich besuchen …

4 Schau aus dem Fenster und schreib drauflos.

Schreibe auf, was du wahrnimmst, wenn du am offenen Fenster sitzt. Du wirst überrascht sein, wie viel du beobachten kannst: Die Blätter bewegen sich im Wind, ein Flugzeug zieht über den Himmel, eine Papiertüte wird über den Weg geweht, ein Auto wird eingeparkt und hupt.
Beschreibe auch, was du hörst, siehst und fühlst, z. B.: leichter Abgasgeruch, Nieselregen, Tröpfchen auf der Brille, Hundegebell, es wird kühl.

5 Schreibe dir deinen Ärger von der Seele.

Schreibe in dein Heft einen kurzen Text über etwas, das dich nervt.

6 Was ich ganz toll fände …

Stell dir vor, deine Welt könnte anders sein, als sie ist. Überlege dir, was oder wer du gerne wärst, oder denke an etwas, das du dir sehr wünschst. Schreibe dazu einen Text in dein Heft.

BEISPIEL

Ich stelle mir vor, ich bin ein großer Zauberer. …

Test

1 Wird die höfliche Anrede in einem Brief groß- oder kleingeschrieben?

Ergänze die Anrede in Bens Brief: „Sehr geehrter Herr Direktor,
ich muss ___hnen Folgendes mitteilen: ...“

2 Werden die Pronomen *du, dir, dich, dein* usw. in Briefen groß- oder kleingeschrieben?

______

3 Welche sechs „W-Fragen“ sind in einem Bericht zu beantworten?

______, ______, ______, ______, ______, ______

4 In welcher Zeitform wird eine Beschreibung verfasst?

______

5 Ordne die Begriffe *Information* und *Unterhaltung* zu.

Ein Bericht dient vor allem der ______

und eine Erzählung der ______.

6 Tatsache oder Meinung?

„Die Zeitung ist mir zu dick.“ ______

„Samstags ist die Zeitung dicker als wochentags.“ ______

7 In welcher Zeitform wird eine Erzählung geschrieben?

______

8 Setze passende Verben ein.

Der Lehrer ______ einen Witz.

Der Trainer ______ die Spielregeln.

Sie ______ der Versicherung die Ausmaße des Schadens.

Der Zeuge ______ vor Gericht von dem Vorfall.

9 Setze *während, als* und *nachdem* ein.

______ es läutete, waren die Schüler längst aus dem Raum.

______ er das Heft abgegeben hatte, begann er mit einer neuen Aufgabe.

Wir übten schon mal das neue Stück ein, ______ der Rest der Klasse das Bühnenbild entwarf.

2 Texte lesen und verstehen

Das musst du am Ende der Klasse 5 können:

- ▷ Fragen zu Texten stellen und ihnen Informationen entnehmen
- ▷ Die Bedeutung von Texten erfassen
- ▷ Texte bearbeiten
- ▷ Mit unterschiedlichen Sachtexten umgehen
- ▷ Einfache literarische Formen untersuchen
- ▷ Über grundlegende Kenntnisse zu den verschiedenen Textarten verfügen

2.1 Einfach lesen

TIPPS UND INFOS **Richtig lesen**

„Lesen ist doch einfach!" Das glauben fast alle Schüler und Schülerinnen. Wenn jemand leise liest, lässt sich nicht überprüfen, wie gut er oder sie liest. Aber wenn Schüler oder Schülerinnen vorlesen, dann merkt man oft: Sie lesen zu langsam oder zu stockend, sodass die Zuhörer ganz ungeduldig werden oder nur wenig verstehen. Es werden Fehler beim Lesen gemacht, Wörter und Sätze falsch betont oder die Texte zu eintönig gelesen. Selten können die Zuhörer oder Zuhörerinnen die Stimmung einer Geschichte beim Vortragen spüren.
Teste dich einmal: Lies den obigen Abschnitt laut vor dich hin oder lies ihn jemandem vor. Hast du es geschafft, ohne zu stocken? Hast du selbst alles verstanden? Hat dein Zuhörer oder deine Zuhörerin alles verstanden?

So kannst du dein Lesen verbessern:

- ▶ Lesen lernt man nur durch Lesen! Du solltest deshalb viel lesen. Leih dir spannende Bücher aus (z. B. in der Bücherei). Am besten vereinbarst du mit dir selbst eine bestimmte Zeit täglich zum „Schmökern".

- Lies auch von Zeit zu Zeit laut (natürlich nicht so laut, dass du die anderen im Haus störst!). Wer laut liest, liest nämlich langsamer und damit bewusster.
- Lies einen Text mehrmals, vor allem, wenn du nicht sicher bist, ob du alles verstanden hast. Du wirst sehen, das Lesen wird besser.
- Hast du einen Kassettenrekorder oder einen MP3-Player, mit dem du Aufnahmen machen kannst? Dann sprich ins Mikrofon und hör dir die Aufnahmen später an. Dann wirst du selbst merken, was noch nicht gut klappt und was du noch üben musst.
- Du solltest auch jede schriftliche Hausarbeit noch mal zum Überarbeiten laut lesen. Dann fällt dir selbst auf, ob du verständlich geschrieben hast und ob die Sätze gut aufgebaut sind.

1 Stelle selbst Hörbücher her.

Ein selbst gemachtes Hörbuch ist eine tolle Idee für ein Geschenk, z. B. für Großeltern.

Suche dir ein spannendes Buch aus und lies es für eine Aufnahme auf Kassette oder einen MP3-Player vor. Nimm dir für den ersten Versuch kein dickes Buch vor, sonst verlierst du die Lust am Lesen. Dein eigenes Hörbuch kannst du sicher mit großem Erfolg bei der nächsten Gelegenheit an Gleichaltrige, an Eltern (für lange Autofahrten) und Großeltern verschenken. Sie werden stolz sein!

2.2 Texte gliedern – Inhalte zusammenfassen

DAS MUSST DU WISSEN Genau lesen

Um einen Text zu verstehen, muss man genau lesen, eventuell auch mehrmals. Mach dir zuerst klar: Worum geht es in diesem Text? Dabei sind zwei Schritte hilfreich:

- den Text unterteilen (gliedern),
- den Inhalt kurz zusammenfassen und wiedergeben.

Ein Text besteht meistens aus drei Teilen: der **Einleitung,** dem **Hauptteil** und dem **Schluss.**

Genaues Lesen ist eine gute Vorarbeit für die Inhaltswiedergabe, die in wenigen Sätzen den Text zusammenfasst.

1 Lies den folgenden Text.

Das Experiment

„Heute hat uns Frau Sander ganz schön hereingelegt“, erzählt Laura mittags zu Hause. „Wir waren zu Beginn der Deutschstunde wieder ein bisschen laut und unruhig – zumindest meinte sie das –, und als sie uns etwas fragte, antworteten gleich mehrere, sodass man gar nichts verstand. Da sagte sie plötzlich: ‚Ich möchte mit euch ein Experiment machen. Was meint ihr: Kann man einen Jungen in einer Gruppe von zehn Mädchen beim lauten Vorlesen heraushören?‘ Einige meinten ‚Ja‘, vor allem die Jungen, einige ‚Nein‘. Da ließ sie zehn Mädchen und David sich in einen Kreis auf Stühle stellen, gab allen eine Karte mit einem kleinen Text und auf ein Zeichen hin fingen alle an, laut zu lesen. Das war vielleicht komisch: Alle redeten laut durcheinander – und man verstand nichts! Es war schrecklich! Als sie fertig waren, lächelte Frau Sander verräterisch und schaute uns an, wie sie das immer tut, wenn sie auf eine Antwort wartet. Alena meldete sich als Erste: ‚Sie haben unterschiedliche Texte verteilt, nicht wahr?‘ ‚Ja‘, sagte Frau Sander, ‚und warum wohl?‘ David meldete sich: ‚Sicher, damit wir merken, dass man nichts versteht, wenn alle durcheinanderreden.‘ ‚Genau‘, stimmte sie zu. Da sagte Tobi plötzlich: ‚Aber ich habe David wirklich deutlich herausgehört …!‘“

2 Gliedere den Text.

Überlege, wo in dem Text „Das Experiment“ Einleitung, Hauptteil und Schluss zu finden sind. Trage die Zeilenangaben ein.

Einleitung von Zeile 1 bis Zeile

Hauptteil von Zeile bis Zeile

Schluss von Zeile bis Ende

3 Finde Überschriften zu den einzelnen Teilen.

Schreibe neben jeden Abschnitt eine Überschrift an den Rand, die dessen Inhalt knapp mit eigenen Worten zusammenfasst.

DAS MUSST DU WISSEN Inhaltsangabe

Manchmal möchte man ganz kurz, in wenigen Worten erfahren, worum es in einem Buch, einem Film oder einem Schulbuchtext geht. Dazu muss man den Inhalt wiedergeben.

Merkmale einer Inhaltsangabe:

- möglichst knapp, manchmal nur etwa drei, vier Sätze lang,
- Zeitform: Präsens (Gegenwart),
- beschränkt auf das Wesentliche, Verzicht auf Einzelheiten,
- keine wörtliche Rede, keine ausschmückenden Verben und Adjektive.

Typische **Einleitungssätze** für eine Inhaltsangabe sind:
Diese Geschichte handelt von ... oder *In diesem Buch geht es um ...*

Eine Inhaltsangabe unterscheidet sich deutlich von der **Nacherzählung,** in der man versucht, eine Geschichte möglichst vollständig und lebendig wiederzugeben. Zeitform einer Nacherzählung ist das Präteritum (Vergangenheit).

4 **Schreibe zu der Geschichte „Das Experiment" eine kurze Inhaltsangabe. Schreibe in dein Heft.**

BEISPIEL

Du kannst mit folgendem Satz anfangen:

Mit einem Trick versucht eine Lehrerin ihrer Klasse klarzumachen, dass diese nicht durcheinanderreden sollte ...

5 Hast du in der letzten Zeit ein Buch gelesen, das dir gefallen hat?

Versuche, den Inhalt des Buches in Sinnabschnitte zu gliedern.
Du kannst die Kapitel oder die Seitenzahlen angeben oder einen kurzen Hinweis auf die Handlung geben. Formuliere jeweils eine Überschrift.
Gib anschließend schriftlich den Inhalt des Buches wieder.
So könntest du deinen Text beginnen:

Das Buch „.............................“ von .... ist eine Abenteuergeschichte. Sie handelt von ...

BEISPIEL **Inhaltsangabe**

Über „Die grüne Wolke“
In dem Buch „Die grüne Wolke“ von A. S. Neill geht es um eine kleine Gruppe von Schülerinnen und Schülern des englischen Internats „Summerhill“, den Schuldirektor und einen Zeppelinfahrer. Sie werden bei dem Versuch, den Welthöhenrekord zu brechen, von einer tödlichen Wolke verschont, die alle Menschen auf dem Erdboden in Stein verwandelt hat. Nun sind sie die letzten Menschen auf der Welt und müssen erfahren, welche Schwierigkeiten sich ergeben, wenn Kraftwerke ausfallen, Straßen unpassierbar sind, Lebensmittel verderben usw. Sie erleben aber auch viele komische Situationen mit versteinerten Menschen und müssen etliche Abenteuer mit wilden Tieren bestehen, denen die grüne Wolke nichts anhaben konnte, und mit einigen wenigen Menschen, die zufällig auf Bergspitzen überlebt hatten.

6 Sicher kannst du dich noch gut an einen Film erinnern, den du in letzter Zeit gesehen hast und der dir gut gefallen hat.

Versuche, das Geschehen zu gliedern, und fasse dann ganz knapp den Inhalt zusammen. So könntest du anfangen:

In dem Film „...“, einer Abenteuergeschichte, geht es um ...

2.3 Fragen zu Texten stellen

TIPPS UND INFOS **Bleistift und Wörterbuch**

Oft hört man eine Geschichte, sieht einen Film oder liest etwas in der Zeitung und findet es spannend oder interessant, ohne alles zu verstehen. Dann hilft es, Fragen zu stellen, die es leichter machen, den gesamten Zusammenhang zu erfassen.

- Man sollte immer einen **Bleistift** beim Lesen griffbereit haben, um unbekannte Wörter oder Textstellen anzustreichen, die einem unklar sind oder die man sich merken will (z. B. schöne Formulierungen für einen Eintrag ins Freundschaftsbuch). Dann kann man sie schneller wiederfinden, wenn man nachfragen will.
- Am besten hat man ein **Wörterbuch** direkt am Arbeitsplatz und schlägt sofort nach (s. S. 97).

1 Beantworte schriftlich die folgenden Fragen zur Geschichte „Das Experiment“ von S. 51–52. Schreibe in dein Heft.

1. Welche Vorstellungen hatten die Schülerinnen und Schüler zunächst von dem Experiment?
2. Frau Sander hat die Schülerinnen und Schüler getäuscht: Was konnte niemand ahnen?
3. Warum hat Frau Sander nicht sofort gesagt, dass man nichts verstehen kann, wenn durcheinandergeredet wird? Warum hat sie sich so viel Mühe gegeben, sich ein Experiment ausgedacht, Kärtchen zusammengestellt usw.?
4. Ist es nicht gemein, jemanden hereinzulegen?
5. Was bedeutet eigentlich das Wort „Experiment“? Kanntest du das Wort schon oder musstest du es nachschlagen?

DAS MUSST DU WISSEN **Redensarten und Sprichwörter**

Auch ganz kurze Texte wie Redensarten oder Sprichwörter geben manchmal Rätsel auf.

Beispiel: Der Lehrer hat unter die Arbeit geschrieben: *„Weniger wäre mehr gewesen!"* Eigentlich ist die Aussage ja unsinnig. „Weniger" kann ja nicht „mehr" sein! Aber man fragt sich: Was meint der Lehrer mit diesem Spruch?

Bei genauem Nachdenken merkt man, dass man etwas ergänzen muss, z. B.:

Umfang ↓ Qualität ↓

Weniger [Umfang] wäre mehr [Qualität] gewesen.

Vielleicht hat der Schüler sich wiederholt oder zu viel Unwichtiges geschrieben, weil er unbedingt viele Seiten schreiben wollte – und nun hat er nicht die Zeit gehabt, den Text zu überarbeiten. Hätte er überlegter geschrieben und gründlich nachgesehen, wäre die Arbeit besser ausgefallen. Der Lehrer hat all dies in diesem kurzen Spruch ausgedrückt und dem Schüler zudem etwas zum Nachdenken mit auf den Weg gegeben.

2 Gib die Bedeutung von Sprichwörtern an. Hier geht es um Meinungen zu ganz kurzen Texten. Schreibe in dein Heft.

1. Was meint jemand, der sagt: „Es ist noch kein Meister vom Himmel gefallen"?
2. Was bedeutet das Sprichwort: „Ein gebranntes Kind scheut das Feuer"?
3. Erkläre die Redewendung: „Ohne Fleiß kein Preis".
4. Was ist gemeint, wenn jemand sagt: „Papier ist geduldig"?
5. Welche Bedeutung hat die Redensart: „Es ist nicht alles Gold, was glänzt"?

DAS MUSST DU WISSEN Zeitungsberichte verstehen

- Beim Lesen und Verstehen eines Textes musst du dir zunächst Klarheit verschaffen über alle Begriffe und Ausdrücke, die du nicht kennst. Schlage sie im **Wörterbuch** nach (s. S. 97).
- Anschließend geht es darum, zu erfassen, worüber der Artikel informiert - und die Zusammenhänge zu verstehen. Die **Überschrift** gibt einen Hinweis, wovon der Text handelt. Auch **Fotos** oder andere **Abbildungen** helfen, den Text zu verstehen.
- Manche Zeitungsartikel sind in **Absätze** untergliedert. Oft kann man den Inhalt der einzelnen Absätze in einem Satz zusammenfassen.

3 Lies den folgenden Zeitungsartikel.

Auf dünnem Eis

Ungewöhnlich warmes Wetter verdirbt Kanadas Robbenjägern das Geschäft

Toronto *(AP/APA/dpa)*
Das dünne Eis vor der Ostküste Kanadas verdirbt den Robbenjägern in diesem Jahr das Geschäft. In den ersten drei Tagen der diesjährigen Saison brachten sie teils nur ein Zehntel ihrer sonst üblichen Ausbeute ein. Das zuständige Fischereiministerium gibt als Grund an, dass die Robben in diesem Winter weiter nach Norden zogen. Neugeborene Tiere können nämlich in den ersten Wochen ihres Lebens noch nicht schwimmen und sind auf eine feste Eisfläche angewiesen. Das warme Wetter bringt die Robben jedoch vom Regen in die Traufe:
Zwar sorgten schlechte Wetterverhältnisse dafür, dass weniger Jäger unterwegs waren, dafür sind etwa tausend Jungtiere ertrunken, da das warme Wasser große Teile der bislang festen Flächen zum Schmelzen gebracht hat. Tierschützer verurteilen die Jagd. Sie bezeichnen sie als „grausam“ und

als „das größte Massaker an Meerestieren“.
Sie kritisieren sie auch als unverantwortlich, da die Robbenbestände in diesem Gebiet wegen des extrem warmen Winters ohnehin schon stark bedroht seien. Die Sterberate der Robbenbabys im Golf schätzt man auf bis zu 100 Prozent. Die Jungtiere werden wegen ihres zunächst noch weißen Fells geschlachtet, das als Pelz der Zeitung zufolge in Norwegen, Russland und China sehr gefragt ist. Die Robbenjagd zu stoppen sei unmöglich, erklärt das Fischereiministerium, da sie für die Inuit, die Ureinwohner Kanadas, von entscheidender Bedeutung sei. 35 Prozent ihres Einkommens sollen diese aus dem Handel mit Robbenprodukten beziehen. Gäbe es die Jagd nicht, würde das die Inuit vernichten. Eine andere Möglichkeit zu arbeiten gebe es für diese Menschen nicht. Tierschützer allerdings halten diese Argumentation für falsch. *(Aus: Nordwest-Zeitung, Oldenburg)*

Wenige Wochen alte Sattelrobbe im Packeis im Nordosten Kanadas. Diese Jungtiere werden von Robbenjägern mit einem Knüppel erschlagen.

4 Unterstreiche die Wörter, die du nicht kennst.

Schlage sie im Wörterbuch nach und schreibe eine Erklärung an den Rand neben die Zeile, in der das Wort steht.

5 Erkläre die folgenden Begriffe oder Ausdrücke. Gib die Zeile an, in der sie stehen. Schreibe in dein Heft.

1. Saison
2. Massaker
3. Was bedeutet die Redewendung „Vom Regen in die Traufe kommen“?

6 Beantworte die folgenden Fragen in deinem Heft.

1. Wer sind die „Inuit“? Wie hat man diese Menschengruppe bisher meist genannt?
2. Erkläre das Problem der Robbenjäger.
3. Inwieweit hat die Wetterveränderung die Situation verschärft?
4. Welche Argumente haben die Tierschützer gegen die Robbenjagd?
5. Wie verteidigt das Fischereiministerium die Robbenjagd?

DAS MUSST DU WISSEN Andeutungen, Gesten und Ironie

Oft sagen wir nicht direkt, was wir meinen.

- Manchmal deuten wir nur an, was wir sagen wollen, wir machen eine **Andeutung.** Wir sagen nicht: *„Luca, sei bitte ruhig!“*, sondern rufen nur scharf *„Luca!“*.
- Wir verwenden **Gesten,** also „sprechende Zeichen“, z. B. winken, mit den Augen zwinkern, Daumen hochhalten, die Finger auf die Lippen legen.
- Wir verwenden **Ironie.** So nennt man es, wenn jemand das Gegenteil von dem sagt, was er meint: *„Was seid ihr wieder eifrig heute!“* (… die Klasse hängt faul herum.)

Es kann verschiedene **Gründe** dafür geben, dass wir Andeutungen, Gesten oder Ironie verwenden:

- Die Wahrheit klingt vielleicht zu hart, „durch die Blume gesagt“ oder „sanft verpackt“ wirkt sie freundlicher.
- Wir meinen, der Gesprächspartner müsste selbst verstehen, was wir sagen wollen.
- Es kann komisch wirken, wenn wir das Gegenteil von dem sagen, was wir meinen.

Für die Zuhörer oder Leser ist es oft aber schwer zu verstehen, was genau gemeint ist.
Ironische Äußerungen werden oft wörtlich genommen. Dann versteht der Hörer oder Leser den Satz völlig falsch: Er fühlt sich gelobt statt getadelt oder er fühlt sich kritisiert, wenn eigentlich Zustimmung gemeint war.

In vielen Büchern, die wir lesen, spielt Ironie eine große Rolle und zwingt den Leser, beim Lesen genau mitzudenken.

7 In den folgenden Beispielen geht es um Andeutungen und Ironie. Beantworte die Fragen in deinem Heft.

Die Fragen beziehen sich auf Frau Sander und ihre Klasse 5 a (s. S. 51-52).

1. Was meint Frau Sander wohl, als sie an einem kalten Tag in die Klasse kommt und sagt: „Oh, ist das kalt hier! Könnt ihr die Fenster nicht noch weiter aufmachen?“
2. Beim Blick auf die nicht geputzte Tafel sagt sie: „Ja, wo kann ich denn jetzt noch was hinschreiben?“ - Was will sie wohl erreichen?
3. Als auf eine Frage von Frau Sander keine Reaktion aus der Klasse erfolgt, meint sie: „Was sind wir heute wieder fleißig!“ - Wie ist dieses Lob zu verstehen?
4. Als Luca einfach nicht aufhören will, zu laut mit einem Nachbarn zu reden, sagt sie scharf: „Luca, bitte!“ - Worum bittet sie Luca wohl?
5. Als Alena und Karen sich störend unterhalten, sagt sie plötzlich: „Ach, Alena, du wolltest doch schon seit Längerem umgesetzt werden, nicht wahr? Sollen wir das jetzt mal machen?“ Alena protestiert - warum?
6. Wenn Ira mal wieder zu leise spricht, hält sich Frau Sander gern die Hand hinter das Ohr. Man sieht dann an Iras Gesichtsausdruck, dass sie „verstanden“ hat und lauter spricht. - Was hat sie verstanden?
7. Wenn die Klasse zu laut ist, dann „spricht“ Frau Sander manchmal überdeutlich - aber sie macht nur Lippenbewegungen! Wenn dann einer fragt, sagt sie: „Ach, habt ihr mich nicht verstanden? Ich habe doch laut genug gesprochen!“ - Was meint sie wohl?

8 „Übersetze" die folgenden Aussagen der Lehrer. Erkläre, was gemeint ist. Schreibe kurze Erklärungen in dein Heft.

1. Der Mathematiklehrer gibt eine Arbeit zurück, die schlecht ausgefallen ist: „Eine tolle Leistung!"
2. Eine Schülerin hat schon wieder keine Hausaufgaben dabei. Die Englischlehrerin: „Ach, wir haben ja auch erst fünf Striche wegen fehlender Hausaufgaben!"
3. Der Klassenprimus hat eine Hausarbeit von sechs Seiten vorgelegt. Der Lehrer meint: „Bisschen knapp, Nils, findest du nicht auch?"

9 Überlege dir ironische Bemerkungen zu den folgenden Situationen. Schreibe in dein Heft.

1. Der Sportlehrer kommt fünf Minuten zu spät in die Klasse. David meint ...
2. Die Klassenlehrerin kündigt an, dass der geplante Klassennachmittag ausfallen muss, weil die Klassenräume belegt sind. Alena sagt ...
3. Die Jungen haben sich bei der Abstimmung durchgesetzt: Es soll am Ende der Stunde Fußball gespielt werden. Laura ist unzufrieden ...

BEISPIEL **Falsch verstanden**

In vielen Geschichten über Till Eulenspiegel geht es darum, dass eine Aussage ganz anders verstanden wird, als sie gemeint ist. Ein Beispiel: Ein Kaufmann in Hildesheim will Eulenspiegel hinauswerfen und sagt: „Diese Nacht bleib noch hier, aber morgen räume mir das Haus!" Am nächsten Morgen stehen alle Möbel auf der Straße.
Das Wort „räumen" hat zwei Bedeutungen. Der Wirt meint die eine Bedeutung: Er will, dass Till seine Herberge verlässt und seine eigenen Sachen mitnimmt. Till dagegen versteht das Wort in der anderen Bedeutung, im Sinne von „ausräumen, leer räumen". Aus diesem Grund räumt er alle Möbel des Wirts auf die Straße.

10 Lies die Texte und versuche zu erklären, was gemeint war und was Till verstanden hat.

1. Der König von Dänemark verspricht Till den allerbesten Hufbeschlag für sein Pferd. Daraufhin geht Eulenspiegel zu einem Goldschmied und lässt sich Hufeisen aus Gold mit Nägeln aus Silber fertigen. Der Schatzmeister des Königs wundert sich sehr über die hohen Kosten.
2. Eulenspiegel kommt in Hamburg auf dem Markt mit einem Meister ins Gespräch, der ihn als Geselle einstellt und ihn bittet, schon einmal voraus in sein Haus zu gehen: „Sieh, das Haus gegenüber, wo die hohen Fenster sind, da geh hinein." Die Fenster reichen bis zum Boden. Eulenspiegel geht nun geradewegs durch die Fenster in das Haus …

11 Lies den kurzen Auszug aus dem berühmten Jugendbuch „Die grüne Wolke" von A. S. Neill, das in der Internatsschule Summerhill spielt.

Beschreibe in deinem Heft die Situation, die hier geschildert wird.

„Es war ein wunderschöner Sommermorgen, und Neill hatte seine Unterrichtsstunden auf den Tennisplatz verlegt. Jean pikte ihm ihren Bleistift in die Rippen. Davon wachte er auf. …"

2.4 Grafiken und Schaubilder verstehen

DAS MUSST DU WISSEN

Auch Pläne, Statistiken oder Grafiken sind Texte. Sie müssen anders „gelesen" werden als ausformulierte Sätze.

- Die Überschrift gibt an, worum es geht.
- Meistens stehen Erläuterungen unter dem Plan oder der Grafik. Sie helfen zu verstehen, was gemeint ist.

Die Klasse 5 a bereitet sich auf eine Feuerschutzübung vor. Hausmeister Hübner kommt in den Klassenraum 2.14, um Einzelheiten zu klären. „Ich will gar nicht viel reden – ihr findet eigentlich alles, was ihr wissen müsst, auf dem Plan hier!“, sagt er und verteilt Kopien. „Zuerst werde ich euch jetzt einige Fragen stellen. Später, wenn noch etwas unklar ist, könnt ihr mich dann ja fragen.“

1 Lege das Buch quer und schau dir den Plan (S. 65) an.

2 Herr Hübner stellt der Klasse einige Fragen. Beantworte die Fragen in Stichworten in deinem Heft.

1. „Mal sehen, ob ihr einen Plan lesen könnt: Wie viele Klassenräume gibt es eigentlich hier auf dem 2. Obergeschoss?“
2. „Woran sieht man, dass dies der Flucht- und Rettungsplan für eure Klasse ist?“
3. „Stellt euch vor, ihr müsstet wegen eines Feuers ganz schnell das Gebäude verlassen. Wohin müsstet ihr euch wenden?“
4. „Wie lang, ungefähr wie viele Meter, ist euer Fluchtweg auf dem Flur?“
5. „Was bedeutet wohl die gestrichelte Linie?“
6. „Wo müsst ihr euch nach Verlassen des Gebäudes versammeln?“
7. „Wo findet ihr den Brandmelder, mit dem ihr Alarm schlagen könnt, und wo den Feuerlöscher und den Wasserschlauch, wenn ihr versuchen wollt, einen Brand selbst zu löschen?“
8. „Dumme Frage: Auf welchem Weg dürft ihr das Gebäude nicht verlassen?“

3 Wie müssen sich die Schülerinnen und Schüler der Klasse 2.14 nach den Angaben des Flucht- und Rettungsplans im Falle eines Feuers (oder einer Feuerschutzübung) verhalten?

Schreibe mithilfe deiner Antworten einen Text in dein Heft.

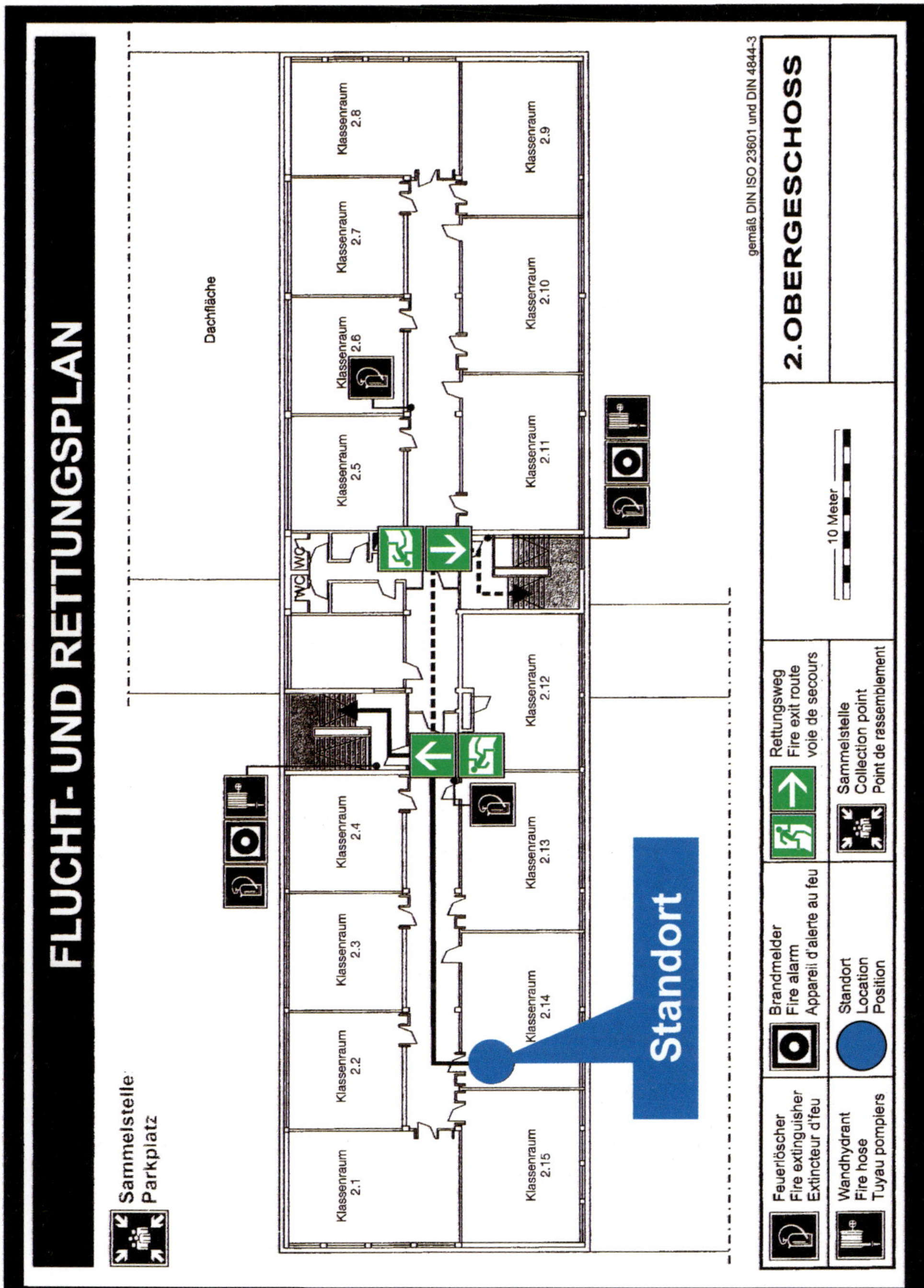
FLUCHT- UND RETTUNGSPLAN
Sammelstelle
Parkplatz
Dachfläche
Klassenraum 2.1
Klassenraum 2.2
Klassenraum 2.3
Klassenraum 2.4
Klassenraum 2.5
Klassenraum 2.6
Klassenraum 2.7
Klassenraum 2.8
Klassenraum 2.9
Klassenraum 2.10
Klassenraum 2.11
Klassenraum 2.12
Klassenraum 2.13
Klassenraum 2.14
Klassenraum 2.15
WC
WC
Standort
gemäß DIN ISO 23601 und DIN 4844-3
2.OBERGESCHOSS
10 Meter
Feuerlöscher
Fire extinguisher
Extincteur d'feu
Wandhydrant
Fire hose
Tuyau pompiers
Brandmelder
Fire alarm
Appareil d'alerte au feu
Standort
Location
Position
Rettungsweg
Fire exit route
voie de secours
Sammelstelle
Collection point
Point de rassemblement

2.5 Gedichte untersuchen

DAS MUSST DU WISSEN Rhythmus und Betonung

- Beim Vortragen von Gedichten fällt einem meist ganz deutlich der **Rhythmus** auf – genauer: der **Takt** oder das **Versmaß (Metrum)** der Zeilen und Strophen.
- Eine gleichmäßige **Betonung** beim Lesen ist sehr wichtig für Gedichte und Lieder (oft wichtiger als der Reim). Das siehst du an folgendem Beispiel.
  Es heißt nicht:
  Ach, das ist ja nett, dass du geboren wurdest,
  sonst würden wir dich sehr vermissen!
  Sondern:
  Wie schön, dass du geboren bist,
  wir hätten dich sonst sehr vermisst!

Hier gibt es eine klare, regelmäßige Betonung der Silben.
Dadurch prägt sich der Liedtext leicht ein.

1 Finde die Betonungen der folgenden Wörter heraus.

Sprich die Wörter laut vor dich hin. Teile sie durch einen Strich in Silben.

Setze ein Betonungshäkchen auf die Silbenlinie. Beispiel: ha ben ´___ ___

1. albern ___ ___
2. Gemeinheit ___ ___ ___
3. Blume ___ ___
4. Paris ___ ___
5. Plakat ___ ___
6. Konfetti ___ ___ ___
7. Rhythmus ___ ___
8. Hamburg ___ ___

9. Königin ____ ____ ____
10. Justin ____ ____
11. Unterricht ____ ____ ____
12. Marmelade ____ ____ ____ ____
13. lesen ____ ____
14. bemalen ____ ____ ____
15. Computer ____ ____ ____
16. Hilfe! ____ ____!
17. Schönschrift ____ ____
18. Fußball ____ ____
19. fantastisch ____ ____ ____
20. Gymnasium ____ ____ ____ ____
21. Berlin ____ ____
22. niemand ____ ____
23. Nicole ____ ____
24. Advent ____ ____
25. Versammlung ____ ____ ____
26. Ende ____ ____

2 In Gedicht- und Spruchzeilen verteilen sich die Betonungen meist recht gleichmäßig. Bestimme die Betonungen.

Setze einen Strich über die betonte Silbe.

1. Ach, wie gut, dass niemand weiß, dass ich Rumpelstilzchen heiß!

2. Fuchs, du hast die Gans gestohlen! Gib sie wieder her!

3. Es klappert die Mühle am rauschenden Bach ...

4. Will ich in mein Gärtlein gehn, will mein Zwiebeln gießen,

   steht ein bucklicht Männlein da, fängt als an zu niesen.

DAS MUSST DU WISSEN Reim

Die meisten Gedichte und Lieder reimen sich. **Reim** bezeichnet den Gleichklang verschiedener Wörter am Ende der Gedichtzeile:

Ich gehe jetzt nach Hause,
ich brauche eine Pause!

Da es um den gleichen **Klang** geht, müssen die Reimwörter nicht gleich geschrieben werden:

„Das ist doch ein Klacks!“,
sprach Max.

- Von **unreinem Reim** spricht man, wenn die Reimwörter nicht genau gleich, aber ähnlich klingen:

  Die Biene ist ein fleißig Tier,
  Dem Bären kommt das g'spaßig für. (Wilhelm Busch)

- Man spricht von **Paarreim,** wenn sich zwei aufeinanderfolgende Zeilen reimen.

  Gemächlich in der Werkstatt saß a
  Zum Frühtrunk Meister Nikolas, a
  Die junge Hausfrau schenkt' ihm ein, b
  Es war im heitern Sonnenschein. b (Adelbert von Chamisso)

- Man spricht von **Kreuzreim,** wenn sich jeweils die erste mit der dritten und die zweite mit der vierten Zeile usw. reimt:

  Dies ist ein Herbsttag, wie ich keinen sah! a
  Die Luft ist still, als atmete man kaum, b
  Und dennoch fallen raschelnd, fern und nah', a
  Die schönsten Früchte ab von jedem Baum. b (Friedrich Hebbel)

- Man spricht von **umschließendem Reim,** wenn sich die erste mit der vierten und die zweite mit der dritten Zeile reimt:

Frühling lässt sein blaues Band *a*
Wieder flattern durch die Lüfte; *b*
Süße, wohlbekannte Düfte *b*
Streifen ahnungsvoll das Land. *a* (Eduard Mörike)

Zur Reimbestimmung setzt man einen Kleinbuchstaben für die verschiedenen Reime in alphabetischer Reihenfolge ans Ende der Zeile.

3 Beim folgenden Gedicht sind die Zeilen durcheinandergeraten. Der Rhythmus „holpert".

Lies das Gedicht. Stell die Wörter so um, dass die Betonung gleichmäßig wird. Schreibe das Gedicht in dein Heft.

Gegensachen

Manchmal will man Jokus machen
Will plötzlich lachen beim Beten
Will Fratzen schneiden beim Essen
Sich am Aschermittwoch verkleiden.
Das sind so Gegensachen,
Ab und zu darf man die schon mal machen.
Ostern will man kaufen Knaller
Weihnachten mal tüchtig raufen
Will spazierengehen des Nachts
Und am Tag die Sterne sehen.
Das sind so Gegensachen,
Ab und zu darf man die schon mal machen.
Man will weinen am Geburtstag
Will als Tag-Gespenst erscheinen
Will als mieser Schurke handeln
Den Lehrer schnell verwandeln zur Maus.
Das sind so Gegensachen,
Ab und zu darf man die schon mal machen.

Josef Reding

4 Beim folgenden Gedicht fehlt der Reim.

Lies das Gedicht. Du musst nur vier Wörter ersetzen – und schon klingt es besser und reimt sich.

Rausche, rausche, Regen

Rausche, rausche, Regen,
das Gras wächst auf den Gassen,
jede Stunde einen Zoll,
niemand weiß, wie's enden mag.
Der Hof und die Laube vergrasen,
Gebüsch wird aus dem Grünzeug,
morgen ist es ein Forst,
ururalt. *Werner Bergengruen*

DAS MUSST DU WISSEN – Gedichte interpretieren

Gedichte sind ganz besonders sorgfältig formulierte Texte. Sie wollen etwas genau und oft sehr knapp sagen und beschreiben, beispielsweise eine Stimmung zum Ausdruck bringen oder den Leser auf etwas hinweisen.

Da sie meist einen bestimmten Rhythmus haben und oft gereimt sind, sind sie gut einprägsam – und somit gut anzuhören.

Lieder sind auch Gedichte.

In Gedichten ist die **Sprache** oft anders als in einem Gespräch.

Oft sagen die Dichter uns in einem Gedicht etwas auf eine Art, die besonders eindrucksvoll, aber manchmal auch schwer verständlich ist.

Man muss dann versuchen, die **Bedeutung** des Gedichts durch Nachdenken und Einfühlungsvermögen herauszufinden.

- So kann man etwa mithilfe der Betonung eine besonders lebendige oder besonders traurige Stimmung erzeugen, ebenso wie mit hell oder dunkel klingenden Wörtern.
- Mit den Reimen kann man überraschende und witzige Kombinationen zusammenstellen.

5 **Untersuche das folgende „Kindergedicht“. Schreibe in dein Heft.**

1. Untersuche Rhythmus und Reim. An welche anderen Gedichte erinnert dich dieses Gedicht?
2. Die einzelnen Strophen sind zweigeteilt: Was kommt immer im ersten Teil, was im zweiten Teil vor?
3. Worauf will der Dichter die Leser möglicherweise hinweisen?

Kindergedicht
Honig, Milch
und Knäckebrot –
manche Kinder
sind in Not

Zucker, Ei
und Früchtequark –
macht nur manche
Kinder stark

Götterspeise
Leibgericht –
kennen manche
Kinder nicht

Wurst und Käse
Vollkornbrot –
manche Kinder
sind schon tot

Jürgen Spohn

Test

1 Welche Zeitform musst du wählen, wenn du den Inhalt eines Textes zusammenfasst (Inhaltsangabe)?

2 Was ist eine Geste?

3 Erkläre Ironie.

4 Versuche, den Spruch „Reden ist Silber, Schweigen ist Gold" zu erklären.

5 Die meisten Streiche von Till Eulenspiegel verlaufen nach einem ähnlichen Muster. Schau dir noch einmal das Beispiel auf S. 62 an. Erkläre Tills „Trick".

6 Rhythmus bedeutet bei Gedichten, ...

1. dass sich ein Gedicht reimt. ☐
2. dass das Gedicht gleichmäßig betont wird. ☐
3. dass das Gedicht in Strophen eingeteilt ist. ☐
4. dass das Gedicht aus einzelnen Zeilen besteht. ☐

7 **Auf welcher Silbe werden die folgenden Wörter betont? Setze einen Betonungsstrich über die betonte Silbe.**

1. Brille
2. Geschrei
3. Regal
4. Verzeihung
5. Interesse
6. Regel
7. Rhythmus
8. Monopoly
9. Verpflichtung
10. Paradies

8 **Welche Wörter reimen sich? Bilde Reimpaare.**

Vase	Masse
Füße	Kasse
Kuss	Nase
süße	Bus

Es reimen sich:

mit mit

mit mit

9 **Um welche Art von Reim handelt es sich bei dem folgenden Gedichtanfang?**

Ich weiß nicht, was soll es bedeuten,
Dass ich so traurig bin;
Ein Märchen aus uralten Zeiten
Das kommt mir nicht aus dem Sinn.

Heinrich Heine

Es handelt sich um

3 Sprache kennenlernen

Das musst du am Ende der Klasse 5 können:

- ▷ Wortarten unterscheiden und richtig benennen
- ▷ Flexionsformen und deren Funktion erkennen und richtig anwenden (Deklination, Konjugation)
- ▷ Grundlegende Strukturen des Satzes beschreiben (Satzglieder)
- ▷ Den mündlichen und schriftlichen Sprachgebrauch unterscheiden

3.1 Wortarten unterscheiden

DAS MUSST DU WISSEN

Diese **Wortarten** werden unterschieden:

1. **Verb** (Tätigkeitswort/Zeitwort): *gehen, überlegen, sein, haben, wollen, werden*
2. **Substantiv/Nomen** (Hauptwort/Namenwort): *Buch, Flasche, Freiheit*
3. **Pronomen** (Fürwort): *ich, du, er …; mein, dein …; das, jenes …*
4. **Adjektiv** (Eigenschaftswort): *blau, gut, laut, unglücklich, schnell*
5. **Numerale** (Zahlwort): *zwei, hundert, eine Million; vierter*
6. **Artikel** (Begleiter): *der, die, das; ein, eine; des, dem, einem …*
7. **Präposition** (Verhältniswort): *unter, in, auf, neben, zwischen, seit, hinter*
8. **Adverb** (Umstandswort): *sehr, heute, dort, wohl, unten*
9. **Konjunktion** (Bindewort): *und, weil, obwohl, aber, denn, indem, während, als, sodass*
10. **Interjektion** (Ausrufungswort): *ah, hallo, au, hi, wow* (oft sehr unterschiedliche Schreibweisen)

Die meisten Wörter können **gebeugt** werden:

- Aus *Fahrrad* wird im Plural (Mehrzahl) *Fahrräder*.
- Aus *wollen* wird in der 1. Person Singular Präsens *ich will*.
- Aus *rot* wird in Verbindung mit dem Substantiv *das Kleid: das rote Kleid.*

Es gibt auch **unveränderliche Wortarten,** z. B.: *oben, auf, während, gestern, aber*

1 Bestimme im folgenden Satz die Wortarten.

Schau dir die Liste der Wortarten auf S. 74 an. Schreibe die Nummer der richtigen Wortart in das Kästchen unter dem Wort.

„Oh", sagte der Lehrer, „ich glaube, ich bin hier in einem

falschen Raum, ich suche den zweiten Chemieraum und

meine Klasse!"

2 Das Wort „sein" gibt es in zwei verschiedenen Wortarten.

Schreibe die beiden Wortarten auf.

sein ist ein ______ und *sein* ist ein ______

DAS MUSST DU WISSEN Konjugieren

Ein Verb zu verändern, nennt man **konjugieren.** Man konjugiert das Verb nach

- **Person** *(ich, du, er/sie/es, wir, ihr, sie)* und
- **Numerus** (Singular/Einzahl oder Plural/Mehrzahl).

	Singular	Plural
1. Person	ich *gehe*	wir *gehen*
2. Person	du *gehst*	ihr *geht*
3. Person	er/sie/es *geht*	sie *gehen*

Außerdem kann das **Tempus** (Zeitform) der Verben verändert werden:

- **Präsens** (Gegenwart): ich *gehe,*
- **Präteritum** (wird bei schriftlichen Berichten oder Erzählungen über etwas Vergangenes benutzt): ich *ging,*
- **Perfekt** (wird bei mündlichen Berichten über etwas Vergangenes benutzt): ich *bin gegangen,*
- **Plusquamperfekt** (wird verwendet, wenn es in Berichten im Perfekt oder Präteritum um etwas geht, das noch weiter zurückliegt): ich *war gegangen,*
- **Futur I** (Zukunft): ich *werde gehen,*
- **Futur II** (etwas liegt in der Zukunft, ist aber schon abgeschlossen): ich *werde gegangen sein.*

Es gibt **regelmäßige** und **unregelmäßige** Verben.

- Regelmäßige Verben verändern den Vokal im Wortstamm nicht: *ich lenke, ich lenkte.*
- Unregelmäßige Verben verändern den Vokal im Wortstamm: *ich denke, ich dachte - ich liege, ich lag.*

3 Setze die Verben in die angegebene Form im Präsens.

Schreibe in dein Heft.

reden	– 3. Person Singular
fernsehen	– 1. Person Plural
schreiben	– 2. Person Plural
vergessen	– 2. Person Singular
streiten	– 1. Person Singular
umdrehen	– 3. Person Plural

DAS MUSST DU WISSEN **Deklinieren**

Substantive verändern sich, je nachdem, welche Rolle sie im Satz einnehmen. Diese Veränderung nennt man Deklination.

Man verändert/dekliniert

- nach **Genus** (Geschlecht):
  ein schöner Mann (Maskulinum),
  eine große Frau (Femininum),
  ein nettes Kind (Neutrum).
- nach **Numerus** (Singular/Plural):
  Auto – Autos ,
  Haus – Häuser,
  Kaktus – Kakteen.
- nach **Kasus** (Fall):
  1. Fall (Nominativ): *der Mann, das blaue Kleid,*
  2. Fall (Genitiv): *des Mannes, des blauen Kleides,*
  3. Fall (Dativ): *dem Mann, dem blauen Kleid,*
  4. Fall (Akkusativ): *den Mann, das blaue Kleid.*

Auch Pronomen werden dekliniert:
Ich lobe ihn/sie. – Ich gratuliere ihm/ihr.

4 Füge jeweils ein passendes Wort in der angegebenen Wortart ein. Achte auf die richtigen Formen.

Unser Postbote wird „der __________ (Adjektiv) Egon“ genannt.

„Ich __________ (Verb) Ferien!“, schwärmte Knut.

„Diesmal fahren wir in die __________ (Substantiv).“

Heute gehen __________ (Artikel + Substantiv) ins Kino.

Sie __________ (Verb) sich den __________ (Adjektiv) Fantasyfilm an.

Gestern __________ (Verb) ich krank. Heute kann ich wieder zur __________ (Substantiv) gehen.

5 Bestimme die Fälle.

1. des Mannes __________
2. dem Mann __________
3. den Mann __________
4. der Mann __________

6 In diesem Satz fehlen einige Wörter. Ergänze sie.

Vielleicht erkennst du mithilfe der angegebenen Wörter den gesuchten Unsinnsvers. Wenn du den Vers nicht kennst, kannst du auch andere Wörter der genannten Wortarten ergänzen.

Dunkel war’s, __________ (Artikel) Mond __________ (Verb) helle, als __________ (Artikel) Auto __________ (Adjektiv) langsam __________ (Präposition) die __________ (Substantiv) __________ (Verb).

3.2 Zeitformen bilden

DAS MUSST DU WISSEN **Regelmäßige und unregelmäßige Verben**

Da Verben konjugiert werden (s. S. 76), können sie in unterschiedlichen Formen auftreten.
Die verschiedenen Formen leiten sich von der **Grundform (Infinitiv)** des Verbs ab. Der Infinitiv besteht aus dem **Wortstamm** und der **Endung** *-en* oder *-n*: *hör-en, seh-en, such-en, sammel-n.*

- Bei **regelmäßigen Verben** wie *hören* oder *legen* ist das Konjugieren einfach, da diese Verben einem klaren Muster folgen.
  Der Wortstamm bleibt gleich: *hören – er hörte; legen – sie legte.*
- **Unregelmäßige Verben** folgen nicht alle einem erkennbaren Muster. Beim Konjugieren verändert sich der Vokal des Wortstamms: *gehen – er ging; schreiben – sie schrieb; bringen – ich brachte; sein – er war.*

1 Schreibe zu den folgenden regelmäßigen Verben das Präteritum auf.

er klettert –	*er kletterte*	sie tanzen –	
wir reden –		ihr setzt –	
du lernst –		sie holt –	
ich suche –		sie entfernt –	
ich koche –		er übt –	
sie liebt –		ich kaufe –	
er füttert –		es rollt –	

2 **Bilde die Präteritumsformen zu diesen unregelmäßigen Verben.**

sehen –	sie	*sah*	heben –	wir	
verzeihen –	sie		fallen –	sie	
befehlen –	ich		verlassen –	wir	
nehmen –	du		lesen –	er	
bitten –	er		ziehen –	sie	
empfehlen –	sie		geben –	wir	
geschehen –	es		stoßen –	er	
schreiben –	wir		bleiben –	er	

3 **Nenne den Infinitiv der folgenden Formen. Schreibe in dein Heft.**

sie stürzt · *er sieht* · *sie ist* · *ich werde* · *ihr hattet*

sie log · *du schreibst* · *sie trafen* · *er grub* · *sie bat*

ich lag · *er bietet* · *ich rufe* · *sie laufen* · *wir waren*

sie wurde

4 **Finde die Präsensform der folgenden Verben heraus. Schreibe sie in dein Heft.**

sie lachte · *er schrieb* · *sie lag* · *er ging* · *sie rannte*

er war · *sie dachte* · *er blies* · *sie raste* · *er weinte*

sie legte · *er bat* · *sie sprang* · *er betete* · *sie bot*

DAS MUSST DU WISSEN **Die Zeitformen (Tempus)**

Es gibt die einfachen Zeitformen, die nur aus einem Verb bestehen:
- **Präsens** (Gegenwart) *ich laufe, sie schreibt*
- **Präteritum** (Vergangenheit) *ich lief, sie schrieb*

Außerdem gibt es die zusammengesetzten Zeitformen mit Hilfsverben *(haben, sein, werden):*
- **Perfekt** *ich bin gelaufen, sie hat geschrieben*
- **Plusquamperfekt** *ich war gelaufen, sie hatte geschrieben*
- **Futur I** *ich werde laufen, sie wird schreiben*
- **Futur II** *ich werde gelaufen sein, sie wird geschrieben haben*

5 Suche in den folgenden Zeilen alle Verben und Hilfsverben heraus.

1. Schreibe sie rechts auf die Linien.

   a) Ich war heute zur Behandlung im Krankenhaus, ______

   b) da ich mich beim Sport verletzt hatte. ______

   c) Jetzt gehe ich nach Hause, ______

   d) eben habe ich mich nach den Hausaufgaben erkundigt. ______

   e) Morgen werde ich noch einmal zum Arzt gehen, ______

   f) aber er wird mich sicher schon am Vormittag ______

   untersucht haben. ______

2. Trage die Reihenfolge der Ereignisse auf dem Pfeil ein.

Sportverletzung ______

______

______ →

DAS MUSST DU WISSEN Der Gebrauch der Zeitformen

- Mit dem **Präsens** drückt man aus, was gerade (Gegenwart) passiert: *Ich lese momentan in meinem Deutsch-Übungsbuch.*
- Spricht oder schreibt man über die Vergangenheit, benutzt man das **Perfekt** oder das **Präteritum** (alte Bezeichnung: Imperfekt). In Büchern findet man meist das Präteritum: *Langsam öffnete sich die Falltür …* Beim Sprechen zieht man fast immer das Perfekt vor: *Ich habe eben etwas Tolles erlebt!*
- Wenn man beim Erzählen im Präteritum oder im Perfekt etwas erwähnt, das noch weiter zurückliegt, benutzt man das **Plusquamperfekt:** *Nachdem er ein paar Aufgaben im Übungsbuch bearbeitet hatte, ging er spielen.*
- Für die Zukunft gibt es das **Futur I:** *Nächstes Jahr werdet ihr auch ans Meer fahren!*
- Selten gebraucht wird das **Futur II.** Man benutzt es für abgeschlossene Handlungen in der Zukunft: *Nächste Woche Mittwoch werde ich die Arbeit fertiggestellt haben.*

6 **Bestimme die Zeitformen. Schreibe auf die Linien.**

1. Nachdem Sven 20 Schokoküsse verschlungen hatte,
2. wurde ihm schrecklich übel.
3. „Ich habe mir bestimmt den Magen verdorben“,
4. stöhnte er.
5. „Was soll ich jetzt nur machen?“
6. „Du wirst am besten zum Arzt gehen“,
7. schlug ich vor.

8. „Der hat dir schon einmal geholfen, ______

9. morgen wird es dir bestimmt wieder gut gehen!“ ______

10. Sven überlegte: ______

11. „Aber übermorgen werden wir ans Meer fahren!“ ______

12. „Na gut“, sagte ich, ______

13. „dann hole ich dich etwa um drei Uhr ab, ______

14. denn dann werde ich alle meine Aufgaben erledigt haben!“

______

7 Ergänze das passende Hilfsverb in der richtigen Personalform.

1. Perfekt: Ich ______ nach der Untersuchung heimgegangen.
2. Plusquamperfekt: Der Arzt ______ mir eine Spritze gegeben.
3. Futur I: So etwas ______ er sicher Tag für Tag wiederholen.
4. Futur II: Am Ende der Woche ______ er es vermutlich eine Million Mal getan ______.
5. Perfekt: Herr Doktor Müller ______ mir heute geholfen.
6. Plusquamperfekt: Der ganze Unfall ______ nur ein dummes Missgeschick gewesen.
7. Perfekt: Aber nun ______ Doktor Müller es geschafft – mir geht es wieder gut!

8 Setze die folgenden Verben in alle sechs Zeitformen und schreibe den Infinitiv dazu. Folge dem Beispiel. Ergänze die Tabelle.

du spielst *er schreibt* *sie kommt* *es ist* *wir haben*

ihr seht *sie laufen*

Infinitiv	Präsens	Präteritum	Perfekt	Plusquamperfekt	Futur I	Futur II
lachen	*ich lache*	*ich lachte*	*ich habe gelacht*	*ich hatte gelacht*	*ich werde lachen*	*ich werde gelacht haben*

3.3 Satzglieder erkennen

DAS MUSST DU WISSEN

Ein Satz besteht aus verschiedenen **Satzgliedern.** Sie können aus einem oder mehreren Wörtern gebildet werden. Manche Wörter müssen beieinanderbleiben – das sind die Satzglieder.

Durch die **Umstellprobe** findest du die Satzglieder heraus:

Anna | gibt | ihrer Freundin Lisa | eine Kette .

Ihrer Freundin Lisa | gibt | Anna | eine Kette .

1 Bilde mithilfe der Umstellprobe weitere Sätze aus dem folgenden Satz. Schreibe in dein Heft.

Felix schenkt seinem Freund Tobias ein Computerspiel zum Geburtstag.

DAS MUSST DU WISSEN **Subjekt und Prädikat**

Normalerweise besteht ein Satz aus mindestens zwei Satzgliedern:

Sven | lacht .
Es | schneit .

- Das Satzglied mit dem Substantiv oder Pronomen nennt man **Subjekt.** Man kann es mit „wer oder was?“ erfragen.
- Das Satzglied mit dem Verb oder den Verben nennt man **Prädikat.** Ein Prädikat aus Verben + Hilfsverben kann man bei der Umstellprobe in zwei Teile zerlegen:
  Die neue Schülerin ist in die Schule gekommen.
  In die Schule ist die neue Schülerin gekommen.

2 **Bestimme Subjekt und Prädikat. Unterstreiche das Subjekt rot und das Prädikat blau.**

1. Herr Müller ist angekommen.
2. Kocht das Wasser?
3. Das Schiff wird kommen.

DAS MUSST DU WISSEN **Die Objekte**

Meistens enthält ein Satz neben Subjekt und Prädikat noch weitere Satzglieder. Solche Ergänzungen nennt man Objekte.

- Das **Akkusativobjekt** steht im 4. Fall, man kann es mit „wen oder was?“ erfragen: *Die Klasse begrüßt den Schulleiter.*
- Das **Dativobjekt** steht im 3. Fall, man kann es mit „wem?“ erfragen: *Der Schulleiter gratuliert den Siegern.*
- Das (seltene) **Genitivobjekt** steht im 2. Fall, man kann es mit „wessen?“ erfragen: *Die Helfer nahmen sich der Verletzten an.*
- Das **Präpositionalobjekt** wird mit einer Präposition angeschlossen. Man kann es mit „wozu?“, „wofür?“, „wonach?“ usw. erfragen. Das Fragewort enthält die Präposition: *Der Schulleiter gratuliert zum ersten Preis. Ich warte auf den Bus.*

3 **Finde die Satzglieder in den folgenden Sätzen. Umkreise die Satzglieder.**

Wenn du unsicher bist, wende die Umstellprobe (s. S. 85) an.

1. Hubert und Elke tragen einen Wanderrucksack.
2. Er sagte es ihm sofort.
3. Mark besiegte seine Mutter beim Tischtennisspiel.
4. Nach den Ferien gratulierte er ihm zum Geburtstag.

4 **Unterstreiche das Subjekt.**

1. Die Fete beginnt um acht Uhr.
2. Niemals würde er sich bei der Lehrerin entschuldigen!
3. Hat sie es ihm gesagt?
4. Die Schneeballschlacht hatte er gewonnen.

5 **Unterstreiche das Prädikat.**

1. Der Schulsprecher begrüßt die Festversammlung.
2. Er hatte den Stift seines Banknachbarn genommen.
3. Ist die Angelegenheit geklärt?
4. Der Wecker hatte nicht geklingelt.

6 **Bestimme die Satzglieder.**

Schreibe die Bezeichnungen darunter. Kürze ab:

Subjekt:	S	Prädikat:	P
Genitivobjekt:	GO	Dativobjekt:	DO
		Akkusativobjekt:	AO

1. Der Lehrer diktiert den Schülern Übungsaufgaben.

   ____ ____ ____ ____.

2. Viele Grüße sendet Alena.

   ____ ____ ____.

3. Ich glaube dir.

   ____ ____ ____.

4. Dem Lehrer schenkten die Schüler einen Kaktus.

   ____ ____ ____ ____.

5. Herrn Müller überreichte der Moderator den Hauptgewinn.

______ ______ ______ ______.

6. Verrieten die Mädchen den Jungen ihr Geheimnis?

______ ______ ______ ______?

DAS MUSST DU WISSEN **Adverbiale Bestimmungen**

Diese ergänzenden Satzglieder bestehen aus verschiedenen Wortarten und geben die **Zeit,** den **Ort,** den **Grund** und die **Art und Weise** an. Man erfragt sie mit den Fragewörtern „wann?“, „wo?“, „warum?“ und „wie?“.

Gestern ist Kevin an der Tafel vor Schreck kreidebleich zurückgewichen.

Wann? wo? warum? wie?

Die adverbialen Bestimmungen können leicht mit dem **Präpositionalobjekt** (s. S. 86) verwechselt werden. Unterschied: In den Fragewörtern für das Präpositionalobjekt ist die Präposition enthalten („wofür?“, „wozu?“ usw.).

7 Benenne die adverbialen Bestimmungen.

Gestern auf dem Sportplatz fing er aus Wut ganz laut an zu schreien.

______ ______ ______ ______

8 Unterstreiche die adverbiale Bestimmung rot und das Präpositionalobjekt blau.

1. Nach den Ferien gratulierte er seinem Freund zum Geburtstag.
2. Sie fragte an der Haltestelle nach der Abfahrtszeit.

9 **Hier findest du eine Reihe von adverbialen Bestimmungen der Zeit.**

Eine adverbiale Bestimmung passt nicht in die Reihe. Unterstreiche sie.

morgen *am Ferienende* *schnell* *vor der Tagesschau*

nach dem Aufstehen *zur Herbstkirmes*

3.4 Gesprochene und geschriebene Sprache unterscheiden

DAS MUSST DU WISSEN

Wir benutzen Sprache beim Sprechen anders als beim Schreiben.

- Beim **Sprechen** benutzen wir meist eine einfache Sprache. Wir denken nicht lange über das nach, was wir sagen wollen. An den Reaktionen unseres Gesprächspartners können wir sehen, ob er uns verstanden hat. Gesten und Betonung helfen dem Gesprächspartner, das Gesagte zu verstehen. Nicht immer sind die Sätze vollständig, manchmal brechen wir ab und fangen einen neuen Satz an.
- Beim **Schreiben** dagegen haben wir mehr Zeit und planen die Formulierungen, bevor wir sie niederschreiben.
  Um Missverständnisse zu vermeiden, informieren wir genauer und ausführlicher. Daher ist die geschriebene Sprache in der Regel korrekter, hat einen komplizierteren Satzbau und besteht aus ausgewählteren Wörtern und Ausdrücken.

1 **Die folgenden Wörter verwenden wir häufig in Gesprächen. Finde geeignetere Formulierungen für geschriebene Texte.**

Schreibe in dein Heft.

1. kriegen *2. der Typ* *3. gucken* *4. Schwein haben*

5. die ganzen Fächer *6. Fernsehen gucken* *7. Klamotten*

8. passieren

2 **Lies Joshuas Mail an die Schülerzeitung. Überlege, welche Formulierungen nicht in einen geschriebenen Text passen.**

Ersetze Wörter wie „machen“, „tun“ oder „Dinge“ durch genauere Formulierungen.

„Heute haben wir in der großen Pause getobt und einige haben Unsinn gemacht. Das tun die Großen immer, aber wir haben das auch schon gemacht. Plötzlich flogen viele Dinge durch die Gegend. Da hat Karli sich am Kopf wehgetan. Was sollten wir tun? Wir haben erst mal die Sachen zur Seite getan. Karli hat sich hingelegt. Dann ist Herr Hahn gekommen. Der konnte was tun.“

3 **David erzählt seiner Klassenlehrerin aufgeregt, was nach der ersten Stunde passiert ist.**

Lies den Text. Unterstreiche Formulierungen, die typisch für ein Gespräch sind. Schreibe anschließend den Text so um, dass er für die Schülerzeitung verwendet werden könnte. Überlege, welche Teile des mündlichen Berichts bei einem schriftlichen Text weggelassen werden können. Denk dir auch eine Überschrift aus. Schreibe in dein Heft.

„Frau Sander, wir waren eben eingeschlossen! Echt! In der Klasse! Sie wissen ja, das Türschloss ist, äh, die Tür klemmt manchmal und Herr Klose hatte abgeschlossen in der Erdkundestunde, aus Jux, weil wieder einige aus der Pause noch nicht wieder da waren, und als die dann kamen, also an der Tür rüttelten und klopften, da kriegte der Klose die Tür nicht wieder auf! Er hat’s immer wieder versucht. Ich auch. Ging nicht. Aber dann hatte Svenja die Idee! Wir haben mit dem Handy Frau Schulte-Sasse im Sekretariat angerufen – die hat sich vielleicht gewundert! Wir wollten auch schon ein SOS als SMS loslassen. Und die hat dann den Hausmeister geholt. Der Hübner hat uns dann „befreit“. Hat aber ’ne Viertelstunde ungefähr gedauert. Und da hätten Sie mal sehen sollen, wie der Joschi rausgeflitzt ist. Der musste nämlich!“

Test

1 Setze die Substantive in die angegebenen Fälle und das richtige Genus.

Wähle passende Artikel und Adjektive und setze sie wie im Beispiel ein.

Kleid – Nominativ Singular: *das hübsche Kleid*

Haus – Dativ Singular: ______

Brief – Genitiv Plural: ______

Buch – Akkusativ Singular: ______

Schuh – Nominativ Plural: ______

Baum – Nominativ Singular: ______

2 Mit welchen Wörtern kann ein Substantiv ersetzt werden?

Schreibe deine Antwort in einem ganzen Satz auf die Linie. Nenne die Wortart und Beispiele dazu.

______

______

______

3 Bestimme die Wortarten.

Schreibe die Nummern aus dem Kasten auf S. 74 auf.

1. Hurra, ich habe gewonnen! ___ , ___ ___ ___ !
2. Hier steht das neue Auto. ___ ___ ___ ___ ___ .
3. Oben auf dem Tisch liegen die braunen Handschuhe und der Schal.
   ___ ___ ___ ___ ___ ___ ___ ___ ___ ___ ___ .

4 Setze die Wörter in Klammern ins Präteritum und füge sie ein.

1. Ich ______ (schreiben) einen Brief.
2. Sie ______ (bitten) mich um einen Gefallen.
3. Ich ______ (haben) vor, Vokabeln zu üben.
4. Er ______ (gehen) ins Kino.
5. Ich ______ (finden) mein Heft nicht!
6. Sie ______ (liegen) in der Sonne.
7. Wir ______ (klettern) auf einen Baum.
8. Du ______ (werden) zur Klassensprecherin gewählt.
9. Ich ______ (erschrecken).

5 Schreibe den Infinitiv auf.

1. sie sahen – ______
2. er schrie – ______
3. sie gewann – ______
4. ich hielt – ______
5. wir hoben – ______
6. er grub – ______
7. sie rief – ______
8. sie liefen – ______
9. ich schlug – ______
10. es brannte – ______

6 Bestimme die Zeitformen.

Kreuze die Lösung an.

1. Es hatte geläutet.	Präteritum	☐	Plusquamperfekt	☐
2. Wir kommen.	Futur I	☐	Präsens	☐
3. Sie wird angerufen haben.	Futur I	☐	Futur II	☐
4. Ich widersprach.	Präteritum	☐	Präsens	☐
5. Was hast du gesagt?	Perfekt	☐	Präteritum	☐
6. Ich komme jetzt!	Futur I	☐	Präsens	☐
7. Er war gekommen.	Präteritum	☐	Plusquamperfekt	☐
8. Das wirst du bereuen!	Präsens	☐	Futur I	☐

7 Setze die Sätze in die Zeitform (Tempus) in Klammern.

Schreibe die neuen Sätze in dein Heft.

1. Ich werde kommen.	(Präteritum)
2. Der Bus fährt ab.	(Plusquamperfekt)
3. Sie war nach Rio geflogen.	(Perfekt)
4. Er zog sich schnell an.	(Präsens)
5. Wir sind gegangen.	(Futur I)

8 Bestimme die Satzglieder.

Verwende die Abkürzungen von S. 87.

1. Der Lehrer diktierte den Schülern Übungssätze.

   ☐ ☐ ☐ ☐ .

2. Wir glaubten es ihm.

   ☐ ☐ ☐ ☐ .

3. Sie gratulierte mir freundlich zum Geburtstag.

   ☐ ☐ ☐ ☐ ☐ .

4 Richtig schreiben

Das musst du am Ende der Klasse 5 können:

- Großschreibung bei Satzanfängen und Substantiven (auch die Substantivierung) beherrschen
- Zeichen am Satzende und in der wörtlichen Rede setzen, Kommas bei Aufzählungen setzen
- Wörter richtig trennen
- Strategien zum Vermeiden und Korrigieren von Fehlern anwenden (z. B. Fehlerkartei, Arbeit mit dem Wörterbuch)

TIPPS UND INFOS Die Fehlerkartei

Fehler zu machen, ist gar nicht schlimm! Aber man sollte aus ihnen lernen. Denn dumm ist es, denselben Fehler zweimal zu machen.
Jeder Schüler und jede Schülerin kennt andere Stolpersteine beim Schreiben. Der eine beherrscht die Großschreibung nicht, eine andere hat Probleme mit der richtigen Schreibweise von *s*-Lauten. Wer Fehler wiederholt, prägt sich die falsche Schreibweise ein. Mach es besser!

Mithilfe einer **Fehlerkartei** kannst du Fehler vermeiden:

- Du brauchst dazu einen Karteikasten und einen Stapel Karteikarten (Mindestgröße DIN A7, das ist die Größe einer halben Postkarte).
- Nimm für jeden Fehler, an dem du arbeiten willst, eine Karte.
- Lege auch Karten für schwierige Wörter an, also für *mögliche* Fehler.
- Auf die Vorderseite schreibst du einen Übungssatz, auf die Rückseite das richtig geschriebene Wort.
- Schreibe sorgfältig, deine Karteikarten müssen eindeutig lesbar sein (sonst prägst du dir vielleicht Fehler ein).
- Notiere nur ein Wort oder eine Regel pro Karte.

Vielleicht ist das Wort „Arzt“ einer deiner häufigsten Fehler. Dann denkst du dir einen Satz aus, in dem „Arzt“ vorkommt, und schreibst ihn auf die Vorderseite der Karteikarte.

Der Arzt gab mir eine Spritze.

Auf die Rückseite schreibst du das Fehlerwort. Füge bei Substantiven den Artikel hinzu. Notiere weitere Angaben, wie das Geschlecht (Genus), die Pluralform oder bei Verben den Infinitiv. Manchmal ist es auch nützlich, Wörter dazuzuschreiben, mit denen du das Fehlerwort beim Schreiben verwechselst (z. B. „wahr“ im Sinne von „zutreffend“ und „war“ als Form des Verbs „sein“).

der Arzt
Plural: die Ärzte

Arbeite die Karteikarten in bestimmten Abständen (etwa nach einer Woche) durch. Schau dir die Vorderseite der Karten an und schreibe das schwierige Wort auf ein Arbeitsblatt. Überprüfe die Schreibweise mit der Rückseite der Karte. Wenn du das Wort richtig geschrieben hast, wandert die Karte nach hinten in deine Kartei. Überprüfe nach längerer Zeit, etwa nach mehreren Wochen, ob du das Wort immer noch richtig schreiben kannst.

4.1 Groß- und Kleinschreibung

DAS MUSST DU WISSEN

- **Satzanfänge** schreibt man groß, auch in der wörtlichen Rede nach dem Redebegleitsatz, z. B. *Er rief: „Komm bitte her!“.*
- **Substantive** (Nomen) schreibt man groß, z. B. *das Haus, der Hund.*
- **Eigennamen** schreibt man groß, z. B. *Svenja, Köln, Tannenweg.*
- Adjektive und Verben können als Substantive verwendet werden. Das wird **Substantivierung** (Nominalisierung) genannt. Diese Wörter werden dann ebenfalls großgeschrieben. Sie können ein Begleitwort haben, z. B.
  - einen Artikel (*der, die, das*): *Das Radfahren habe ich schnell gelernt.*
  - einen Artikel mit Präposition (z. B. *zum = zu + dem*): *Zum Schwimmen geht sie gern.*
  - ein Mengenwort (z. B. *viel, etwas, nichts, wenig, alles*): *Im Urlaub haben wir viel Schönes unternommen.*

Zwischen dem Begleitwort und dem Substantiv kann ein Adjektiv stehen: *der große Hund.*
In manchen Fällen sind Groß- und Kleinschreibung möglich: *ein paar Hundert* oder *ein paar hundert.* Wenn du unsicher bist, schau im Wörterbuch nach!

1 Die folgenden Sätze sind durchgängig kleingeschrieben. Schreibe sie richtig in dein Heft. Achte auf die Groß- und Kleinschreibung.

1. die sonne scheint, es ist warm, ich gehe in den garten.
2. er schrieb auf den umschlag:
   an
   herrn fred heinzmann
   eichhornweg 3
   12345 großstadt

3. tim fragte: „müssen wir das noch einmal abschreiben?“
4. wir trafen uns in der gaststätte „zur rostigen säge“.
5. er hasst es, texte zu überarbeiten.
6. oma sagte immer: „lachen ist die beste medizin.“
7. sie wünschte ihm alles gute.
8. bei diesem fest trafen sich wie immer alle nachbarn.
9. der geschichtslehrer sprach gern über die englische königin elisabeth.
10. das war ein schwarzer tag für ihn.
11. patrick schreibt einen brief an seine freundin lara: „endlich habe ich die zeit, dir zu schreiben ...“.

TIPPS UND INFOS – Ein Wörterbuch verwenden

- Wenn du nicht weißt, wie ein Wort geschrieben wird, kannst du es in einem Wörterbuch nachschlagen.
- Stelle am besten ein Wörterbuch auf deinen Schreibtisch. Wenn du das Buch erst holen musst, schiebst du das Nachschlagen vielleicht auf oder vergisst es.
- In einem Wörterbuch sind alle Einträge alphabetisch geordnet. Suchst du zum Beispiel das Wort „Entschluss“, schlägst du zunächst den Buchstaben „E“ auf. Dann musst du auf den Seiten für den Buchstaben „E“ nach dem zweiten Buchstaben des Wortes suchen und so weiter.

ent|schlie|ßen, sich; sie entschloss sich; **Ent|schlie|ßung; Ent|schlie-ßungs|an|trag** *(Politik)*
ent|schlos|sen; Ent|schlos|sen|heit, die; -
ent|schlüp|fen
Ent|schluss
ent|schlüs|seln; Ent|schlüs|se|lung, Ent|schlüss|lung
ent|schluss|fä|hig; Ent|schluss|fä-hig|keit, die; -

2 Tobias hat einen Brief an seine Grundschullehrerin geschrieben. Dabei hat er einige Fehler bei der Groß- und Kleinschreibung gemacht.

Lies den Brief. Unterstreiche die falsch geschriebenen Wörter. Notiere die Wörter in der richtigen Schreibweise in der Randspalte. Schreibe den Text vollständig und richtig in dein Heft. Gleiche sorgfältig mit der Lösung ab, ob du alles richtig gemacht hast.

Liebe Frau Weiß,

seit einiger zeit bin ich jetzt auf dem friedrich-schiller-gymnasium und mir Gefällt es hier eigentlich sehr gut. manchmal sehne ich mich aber doch zurück nach der Grundschulzeit in Ihrer klasse. Besonders oft Denke ich an die letzte Zeit, als wir das Buch „Der Brief für den König“ gelesen haben. An der Neuen Schule finde ich vieles toll. Sie ist groß, man hat neue fächer und viele Lehrer. Es gibt große sport-anlagen, wir gehen jetzt auch viel öfter zum schwimmen!
Leider haben wir auch am Nachmittag viel Unterricht. Ich hätte natürlich gern ein paar stunden weniger, aber dafür ist auch immer Viel los! Heute Nachmittag bin ich aber nicht beim schwimmen in der Schule, sondern ich gehe zu einem neuen freund zum spielen.

Ich wünsche Ihnen alles gute,
Ihr alter schüler

Tobias

▷ Kleine Hilfe: Es sind 19 Fehler!

4.2 Zeichensetzung in der wörtlichen Rede

DAS MUSST DU WISSEN

Die wörtliche Rede wird durch **Anführungszeichen** hervorgehoben.

- Bei der wörtlichen Rede steht meist ein Begleitsatz. Nach einer solchen Einleitung kündigt ein **Doppelpunkt** die wörtliche Rede an.
  David berichtete: „Ich bin zum Klassensprecher gewählt worden."
- Steht der Begleitsatz nach der wörtlichen Rede, so wird er durch ein **Komma** nach den Anführungszeichen abgetrennt.
  „Ich bin Zweite geworden", berichtete Lisa.
- Bei einem eingeschobenen Begleitsatz steht hinter dem ersten Teil und vor dem zweiten Teil der wörtlichen Rede ein **Komma.**
  „Ich habe neun Stimmen bekommen", berichtete Lisa, „zwölf weniger als David."

1 In diesen Sätzen fehlen die Anführungszeichen für die wörtliche Rede.

Unterstreiche, was wörtlich gesprochen wurde. Schreibe die Sätze mit Anführungszeichen in dein Heft. Achte darauf, dass das Komma nach den Anführungszeichen steht.

1. Ich habe fast alle Stimmen erhalten, berichtete David.
2. Ich habe mich selbst natürlich nicht gewählt, erzählte er, das macht man ja nicht.
3. Er meinte dann noch: Ich bin sehr stolz.
4. Jan sagte: Ich wollte ja auch unbedingt Klassensprecher werden!
5. David erzählte: Es gab zwei weitere Kandidatinnen.
6. Der Lehrer hat sich nicht eingemischt, ergänzte Jan.
7. Davids Mutter fragte: Musst du jetzt einen ausgeben in der Klasse?

2 Schreibe die Sätze mit der richtigen Zeichensetzung in dein Heft.

Achte auf die Kommasetzung und auf die Groß- und Kleinschreibung.

1. KARIN BERICHTETE NACH DER SCHULE HEUTE WAREN KLASSENSPRECHERWAHLEN.
2. KARINS MUTTER FRAGTE BIST DU ALS KANDIDATIN VORGESCHLAGEN WORDEN?
3. JA BIN ICH ANTWORTETE KARIN ABER ICH BIN NUR DRITTE GEWORDEN.
4. KARINS SCHWESTER FRAGTE UND WER IST ERSTER?
5. DAVID ERKLÄRTE LISA IST ÜBRIGENS STELLVERTRETERIN.
6. KARIN MEINTE DANN ICH WOLLTE EIGENTLICH GAR NICHT KLASSEN-SPRECHERIN WERDEN.
7. ZWEITE WÄRE ICH SCHON GANZ GERN GEWORDEN ERKLÄRTE SIE ABER LISA MACHT DAS SICHER AUCH GANZ GUT.

4.3 Zeichensetzung bei Aufzählungen

DAS MUSST DU WISSEN

- Wörter und Wortgruppen werden bei Aufzählungen durch **Kommas** getrennt: *Unsere Katze hat ein glänzendes, weiches Fell.*
- **Kein Komma** steht, wenn die Aufzählungen durch Konjunktionen wie „und“, „oder“ oder „sowie“ verbunden sind.
  Beispiele:
  Patrick, Tobias und David gehen ins Kino.
  Wir stiegen auf einen Turm, krochen in eine Höhle und fuhren einen Schacht hinab.

1 Setze die notwendigen Kommas zwischen den aufgezählten Wörtern oder Wortgruppen.

1. Ihre Lieblingsautorinnen sind Astrid Lindgren Christine Nöstlinger Kirsten Boie und Agatha Christie.
2. Gabel Messer Schere Licht sind für kleine Kinder nicht.
3. Wir machten uns zu dritt auf den Weg: David mein Bruder und ich.
4. Der Film wird am Mittwoch am Donnerstag sowie am Freitag gezeigt.
5. Mein Onkel und seine vierzehn Katzen wohnen jetzt in einer neuen geräumigen Wohnung.
6. Franz Till Uli und Jonas waren die Lautesten in der Klasse.
7. Er nahm Anlauf zielte schoss und traf ins Tor. Die Zuschauer tobten jubelten und klatschten Beifall.
8. Hier dürfen Busse Lastwagen oder Autos mit Anhängern nicht überholen.

DAS MUSST DU WISSEN | **Besonderheiten bei Aufzählungen**

- Ein **Komma muss** gesetzt werden, wenn bei der Aufzählung Wörter mit einer entgegengesetzten Bedeutung folgen. Sie können z. B. mit den Konjunktionen „aber“, „sondern“ oder „doch“ angeschlossen werden: *Wir haben einen großen, aber lieben Hund.*
- Bei einer Aufzählung steht zwischen Adjektiven nur ein Komma, wenn sie „gleichrangig“ sind. Das bedeutet, dass sie das gleiche Gewicht im Satz haben. Du erkennst das daran, dass du ein „und“ zwischen die beiden Adjektive schieben kannst, ohne dass sich die Bedeutung verändert: *Unser Hund hat ein braunes, struppiges Fell. – Unser Hund hat ein braunes und struppiges Fell.*
  Du setzt **kein Komma,** wenn sich die Bedeutung verändert. Der Satz „*Wir treffen uns in der zweiten großen Pause.*“ hat eine andere Bedeutung als der Satz „*Wir treffen uns in der zweiten, großen Pause.*“.

2 Entscheide, wo bei den Aufzählungen ein Komma gesetzt werden muss und wo nicht.

1. Er aß gern Bananen Ananas und Äpfel aber keine Pfirsiche.
2. Er hatte in Deutsch eine Zwei in Englisch eine Eins aber in Sport eine Vier.
3. Seine letzten schulischen Leistungen waren recht gut.
4. In der zweiten großen Pause haben wir Fußball gespielt.
5. Annas Großmutter ist eine freundliche ältere Dame.

4.4 Wörter trennen

DAS MUSST DU WISSEN **Silbentrennung**

- Wörter mit mehr als zwei Silben werden zwischen den Silben getrennt. Sprich das Wort langsam aus, dann findest du heraus, wo getrennt wird: *Sil|be, Fahr|rad, Tem|po, Kis|te, Erd|beer|mar|me|la|de.*
- Einzelne Buchstaben werden nicht abgetrennt: *Abend, oben.*
- In manchen Fällen lässt sich die Silbentrennung beim langsamen Sprechen nicht deutlich hören. Dann wird folgende Regel angewendet: Von mehreren Konsonanten kommt nur der letzte auf die nächste Zeile: *kämp|fen, dunk|le, gest|rig, sit|zen.*
- „ch“, „ck“ und „sch“ bleiben ungetrennt: *Bü|cher, Bä|cker, Ta|sche.*
- Zusammengesetzte Wörter sollten nach ihren Sinnbestandteilen getrennt werden: *Jahr|buch, Wochen|ende, Gedenk|tafel.*

1 Wie werden die folgenden Wörter getrennt?

Ziehe einen Strich an den Stellen, wo eine Trennung möglich ist.

Au|to Motorrad Firma Computer

Wasserglas wässrig Kugelschreiber

Telefon Pustekuchen Bettdecken

Gesicht Schnellläufer werfen

Geschenk Gaukler Musik Monat

scheußlich biestig Fächer Kuckuck

Wäsche Haustür Programm aufessen

Städte knusprig Oberhaupt

TIPPS UND INFOS **Trennungen im Wörterbuch prüfen**

In einem Wörterbuch kannst du auch herausfinden, ob und wo du ein Wort trennen kannst. Dort findest du eine senkrechte Linie an der Stelle, wo eine Trennung möglich ist.

Nord|ost|wind
Nord|pol
Nord|po|lar|ge|biet; Nord|po|lar-meer
Nord|pol|ex|pe|di|ti|on
Nord|pol|fah|rer; Nord|pol|fah|re|rin
Nord|punkt, der; -[e]s
Nord|rhein-West|fa|len ↑K 144

Wald, der; -[e]s, Wälder
Wald|amei|se
Wald|ar|bei|ter; Wald|ar|bei|te|rin
Wald|bo|den; Wald|brand; Wäld-chen

4.5 Wörter richtig schreiben

DAS MUSST DU WISSEN | **Schärfung – betonte kurze Vokale**

Wird ein betonter Vokal kurz gesprochen, folgen meistens zwei Konsonanten (Konsonantenverdoppelung).

- Das können zwei gleiche Konsonanten sein (Schärfung): *Do**nn**er, sche**ll**, Ba**gg**er.*
- Das können verschiedene Konsonanten sein: *Si**lb**e, Ki**st**e, Te**mp**o, insgesa**mt**, Gewi**cht**.*
- Die Konsonanten „k“ und „z“ werden nicht verdoppelt. Statt „kk“ schreibt man „ck“: *bli**ck**en, Bä**ck**er;* statt „zz“ schreibt man „tz“: *Schu**tz**, Bli**tz**.*
- Ausnahmen sind einige einsilbige Wörter wie *man, was, im* und viele Fremdwörter: *Faktor, Doktor, galaktisch* (Sonderfall „k“-Verdoppelung: *Brokkoli, Akkusativ).*

1 In welchen Wörtern ist der betonte Vokal kurz?

1. Kreuze an: Ist der Vokal lang oder kurz?
2. Unterstreiche Wörter mit zwei Konsonanten nach den kurzen betonten Vokalen.

	kurzer Vokal	langer Vokal
wen		X
Katze	X	
Biss	X	
wenn	X	
Rest	X	
Mut		X
Kater		X
Hütte	X	
Schluss	X	
Mutter	X	
wir		X

2 In den folgenden Sätzen findest du einige Wörter mit kurzem betontem Vokal.

Unterstreiche die kurzen betonten Vokale, umkreise die Konsonanten hinter den Vokalen.
Schau dir die Wörter genau an: Es gibt eine Ausnahme.

1. Ich schicke dir herzliche Grüße aus den Ferien.
2. Gestern hatte sie einen schweren Unfall gesehen.
3. Robert und Till essen besonders gern Nudeln.

3 In den folgenden Sätzen sind sieben Fehler versteckt.

Unterstreiche die Wörter mit Fehlern und schreibe sie richtig in dein Heft.

1. Die Buter steht auf dem Tisch.
2. Das Auto kam rasend schnel auf ihn zu. Er war starr vor Schrek.
3. Zuerst sahen wir die Blize, dann rolte der Donner herbei.
4. Das Konzert war schön, nur die erste Grupe hat mir nicht gefalen.

DAS MUSST DU WISSEN **Dehnung – betonte lange Vokale**

- Werden die betonten Vokale „a“, „e“, „o“, „u“ lang gesprochen, also gedehnt, stehen sie meist allein: *Name, Los, Dom, Bude.*
- Einige Vokale werden mit „h“ verlängert: *Dohle, kahl, Jahr, Kuhle, wehren.*
- Einige Wörter haben einen Doppelvokal: *Teer, Moos, Paar.*
  Wird die Verlängerung dieser Wörter mit Umlaut gebildet, so entstehen einfache Umlaute: *Paar – Pärchen.*

DAS MUSST DU WISSEN | **Das betonte lange „i“**

- Das betonte lange „i“ wird meist mit „ie“ geschrieben: *hier, spielen, fies, ziemlich, spazieren.*
- Nur einige Pronomen werden mit „h“ verlängert: *ihm, ihr, ihnen.*
- Ganz selten wird das lange betonte „i“ mit „ieh“ geschrieben. Das kommt hauptsächlich dann vor, wenn bei Verben im Infinitiv die Buchstabenverbindung „eih“ oder „eh“ vorkommt: *geschehen - geschieht, leihen - geliehen.*
- Manchmal, besonders in Fremdwörtern, steht ein einfaches „i“: *Brise, Silo, Kino, Mandarine, Maschine, mir, wir, Igel.*

4 Setze im folgenden Text die fehlenden Vokale ein.

Elena ist nach der Sch__le z__mlich müde. Sie g__ßt sich ein gr__ßes Gl__s Milch ein. S__ ruft __re Freundin Lena an und fragt, ob sie später mit __r ins K__no gehen möchte. Die beiden f__ren mit dem F__rrad in die Stadt.

5 Vervollständige die Sätze mit passenden Wörtern aus der Wörterliste.

Miete *angerufen* *wieder* *Schale* *Miene* *Bohrmaschine* *Waage* *strahlen* *ihn* *sie* *wahr* *schon* *Bühne* *Rosen*

1. S______ stellte eine Sch______ auf den Tisch.
2. Hat er w______ nicht a______?
3. Mit böser M______ blickte er sie an.
4. Mit der B______ ging die Arbeit leicht.

5. „Ist das w ____ ?“, fragte i ____ der Lehrer.

6. Die M ____ war viel zu hoch.

7. Die R ____ str ____ im Sommer.

8. Die Musiker standen sch ____ auf der B ____.

9. Die W ____ zeigte ein Kilo an.

6 „i“, „ie“ oder „ieh“? Setze im folgenden Text die passenden Formen für das betonte lange „i“ ein.

Gestern ging ich mit meiner Freundin spaz __ ren. W __ r gingen am Fluss entlang. Dort gef __ l es uns sehr gut. Als w __ r nach Hause kamen, habe ich m __ r von __ r eine CD ausgel __ en.

DAS MUSST DU WISSEN **Die Schreibung von *s*-Lauten**

Man unterscheidet zwischen dem scharfen „s“ – dem stimmlosen – wie in *Fass, Fuß* und dem weichen „s“ – dem stimmhaften – wie in *rasen*.

- **Das (weiche) stimmhafte „s“** wird immer mit einfachem „s“ geschrieben: *lesen, böse, Wiesel.*
- **Das (scharfe) stimmlose „s“** wird **nach betontem kurzem Vokal** mit „ss“ geschrieben: *lassen, müssen, Busse.*
  Achtung: Einige Wörter auf *-is* und *-us* werden im Singular nur mit „s“ geschrieben: *Bus, Erlebnis;* ebenfalls einige häufig gebrauchte Wörter: *was, bis.*
- **Das stimmlose „s“** wird **nach betontem langem Vokal** oder nach Doppellauten „ei“, „au“ usw. mit „ß“ geschrieben, wenn der Laut auch bei der Verlängerungsprobe unverändert bleibt: *Maß – Maße, weiß – weißer, Fuß – Füße.*
  Wenn der *s*-Laut in anderen Formen dieser Wörter stimmhaft ist, wird er mit „s“ geschrieben: *Kreis – kreisen, liest – lesen.*

▶ Viele Wörter mit stimmlosem „s“ werden mit einfachem „s“ geschrieben, wenn ein Konsonant folgt: *Küste, knusprig, plastisch.*

Ob am Ende eines Wortes „s“ oder „ss“ steht, kannst du oft durch die **Verlängerungsprobe** herausfinden. Wenn du die Pluralform bildest oder ein verwandtes Wort findest, kannst du „hören“, wie das Wort am Ende geschrieben wird: *Hau**s** - Häu**s**er, Gra**s** - Grä**s**er, Fa**ss** - Fä**ss**er, ich mu**ss** - wir mü**ss**en.*

7 Unterscheide stimmhafte und stimmlose *s*-Laute.

Ordne die Wörter in deinem Arbeitsheft in zwei Spalten an. In eine Spalte schreibst du die stimmlosen *s*-Laute, in die andere die stimmhaften. Wenn möglich, wende die Verlängerungsprobe an.

Gase Gruß Gräser Guss gießen gewiss

gesund fressen fies Fass Flausen fließen Fluss

Fasan Hase hassen Hessen Heißluftballon Hose

heißen hässlich Last müssen Meise Mäuse

Masse Messe Mist messen Maßband lassen

Lust List los listig Laus lästig lesen Bus

Brust böse blass Biss Buße Bass

8 **„ß“ oder „ss“? Setze die fehlenden *s*-Laute ein.**

Prüfe, ob der Vokal lang ist („ß“) oder kurz („ss“).

1. Das Wa__er im Schwimmbad war kalt.
2. Wir mu__ten lange an der Kinoka__e warten.
3. Nach der Wanderung taten mir die Fü__e weh.
4. Karla blickte Felix mi__trauisch an.
5. Ich fand das Konzert gro__artig.

9 **Stimmhaft oder stimmlos? Ergänze bei stimmhaftem *s*-Laut „s“ und bei stimmlosem *s*-Laut „s“, „ss“ oder „ß“.**

1. Sie schenkte ihm einen Strau__ wei__er Ro__en.
2. Ha__t du Lu__t auf eine Flo__fahrt?
3. Er rei__t den Brief durch und ruft: „Mi__t! Da__ kann auch nur mir pa__ieren!“
4. Er bei__t nicht, er i__t ganz lieb.
5. Ich e__e die Re__te auf.
6. Es schmeckte scheu__lich!
7. „Da__ wu__te ich doch!“
8. Sie war __ehr flei__ig.
9. Wa__ ko__tet eine Rei__e nach Mallorca?

Test

1 Setze große oder kleine Buchstaben ein.

1. Das ist etwas ☐esonderes.
2. Ich fand die Arbeit schwer, aber im ☐roßen und ☐anzen erträglich.
3. Ich habe das ☐uch noch nicht gelesen.
4. Tobias ist zum ☐chwimmen gegangen.
5. Der ☐leine ☐lefant im Zoo lockt viele Besucher an.

2 Setze die richtigen Zeichen zur wörtlichen Rede ein.

Denke auch an die Kommas.

1. Ich verstehe die Zeichensetzungsregeln nicht meinte Caro.
2. Gestern war ich im Kino sagte Tom der Film hat mir gut gefallen.

3 Setze Kommas an den passenden Stellen.

1. Lutz Luca und Lorenz waren die Besten.
2. Tobias Patrick Jonas und ich waren die vier Schlechtesten.
3. Ich machte Hausaufgaben besuchte David im Krankenhaus und ging dann zum Sport.
4. Sie liebt Krimis Liebesgeschichten und Abenteuerbücher aber keine Horrorromane.
5. In den nächsten großen Ferien geht es mit meinen neuen tollen Freunden ins Sauerland.

4 Wo werden diese Wörter getrennt? Setze Striche an den passenden Stellen.

Apfelsine | Seifenkiste | Schlümpfe | Raststätte

Übergang | klebrig | garstig | launisch | Freundschaft

5 Füge die fehlenden Konsonanten ein.

1. Ka ___ st du etwas zum Kna ___ ern für das Fest mitbringen?
2. Ich habe dich nicht absichtlich gesto ___ en.
3. David verletzt andere manchmal, denn er ist zie ___ lich dire ___ t!

6 Ergänze die Lücken.

1. Sag, dass das nicht w ___ r ist!
2. Der S ___ l w ___ r total l ___ r geräumt.
3. Gibst du m ___ r bitte den Zu ___ er für mein Müsli?
4. Sie verz ___ g keine M ___ ne.
5. Das ist ein s ___ r teures Auto!

7 „s“? „ss“? „ß“? Füge die passenden Buchstaben für den *s*-Laut ein.

1. Er ha ___ t ihn bi ___ aufs Blut.
2. Sie ist flei ___ ig und überhaupt nicht streberhaft.
3. Ha ___ t du ihm da ___ Fahrrad geliehen?
4. Mu ___ test du die Fahrkarte zerrei ___ en? Jetzt kann ich nicht verrei ___ en!
5. Wir setzten uns in den Garten und la ___ en. Wir luden die Nachbarn zum E ___ en ein. Es gab Spie ___ braten.